体型が気になる

ぽっちゃりめの人のファッションルール

ファッションテク研・著

Fashion Rules for Plump Ladies

Introduction はじめに

昨年発刊した『背が低めの人のファッションルール』に続き、本書は体型に悩む人のためのファッションシリーズの2冊目です。

ぽっちゃりめの体型でもおしゃれを楽しむことができていますか? やせていたころはファッションを楽しんでいたけれど、おなかやおしりのお肉が気になって以来、隠すことばかり考えてしまって、おしゃれができないという人も多いはず。

また、おしゃれをしたくてもファッション雑誌に載っているのは、超細いモデルの着こなしばかりで、自分のコーディネイトの参考にならないという意見も。

でも、30代、40代、50代と年齢を重ねるごとにお肉がつくのはみんな一緒。また出産を経験して、体型が変わったという人も多いでしょう。ぽっちゃりとお肉の

若いころは得意だった、細身のトップス×タイトスカートのコーディネイト。タイトなシルエットのおかげでスラッと細く見えたけれど、ぽっちゃりさんが着るとお肉の形が見えてしまって、逆効果に。服が突っ張って見えると、より太く見えます。

Examples of trouble | こんなお悩みを

どうしたら
着やせできるのか
わかりません!

昔と体型が変わったけれど、
どうやって着こなしを
変えればいいかわからない

体型に合った服の
選び方について
おしえてほしい

ついた体型は、大人の女性が頑張ってきた証でもあるのです。今の体型を肯定して、もっとおしゃれを楽しんでほしいというのが、本書のコンセプト。ぽっちゃりさんが着やせできて、スタイルUPして見えるコーディネイトをたくさん紹介しています！

一度、普段の自分の服装を思い返してみてください。やせていたころと服の好みが同じままだったり、その逆に、隠したいあまりいつもダボダボした服だったりしませんか？　ぽっちゃりさんの体型をきれいに見せる着こなし方にはルールがあります。この本でそれを覚えて、もっと毎日のファッションを楽しんでください。今のままの体型でも、きっと、見違えるはずです！

体の気になる部分を隠したいという思いから、肩から足首まで大きなサイズの洋服で全部カバーする……。ぽっちゃりさんのコーデの定番ですが、実は、体がよけいに大きく見えてしまう原因に。もっとスッキリ着やせを目指しましょう！

持つ人たちへ

ぽっちゃり体型に似合うスタイルが世間には少なすぎ！

最近気になってきた
おなかまわりを上手に隠す方法
が知りたい

CONTENTS

もっとおしゃれを楽しむために

ぽっちゃりさんの着こなしお悩み Q&A

Q1 ぽっちゃりめの人は、普段の着こなしでどんなことに気をつければいいでしょうか？

A1

“自分のうしろ姿を確認してみてください”

気になる部分を隠したいと思っていても、目が届かないのが背中側。前はしっかり隠していても、うしろのお肉が丸見えなことが！

ぽっちゃりしてくると、背中にもお肉がつくので、服の横幅が伸びてパツパツした感じになることがあります。自分では「動きにくくて着心地が悪いな」と感じるだけかもしれませんが、他人からは、背中が無理に突っ張った服でよけいにぽっちゃりして見えてしまっています。それを防ぐために、背中側にもギャザーが入った服を選びましょう。前かがみになったり、手を伸ばしたり、という体の動きに合わせてギャザーが自然に広がるので、無理なパツパツ感が出ることもなくなります！

Fashion Rules for Plump Ladies

Chapter 1

ぽっちゃりさんを
おしゃれに見せる基本のルール

若いころに比べていつの間にか、体型が丸くふくよかに……。
でも、変わってきた体型に合わせてどうやって着こなしを
変えればいいのかわからなくて困っている人も多いはず。
この章では、ぽっちゃりめの体型をスッキリとおしゃれに見せる
大事な基本のルール5つを紹介します。
ほんの少しコーディネイトに注意をするだけで、
バランスよく着こなせて、おしゃれがもっと楽しくなるはず。
どれも簡単なものばかりで、今日からすぐに実行できます！

Basic 5 rules for dressing good for plump ladies

普段のなにげない着こなしが太って見える原因に!?

ぽっちゃりさんの失敗しがちな着こなしを反省

お肉がついてきた体に合わせてどうやって着こなしを変化させればいいのかわからず、コーディネイトがおざなりになってしまったり、洋服の組み合わせが若いころのままだったり、または気になる体型を隠せる服ばかり着てしまったり……。もっと今の体型に合った素敵な着こなし方があるはずなのに、

NG

1

隠しすぎ!?

"肌が見えないと重量感たっぷり!"

体型が気になるあまり、夏でも長袖にロングスカートや足首までの丈のパンツをはいていませんか? 肌を全部隠してしまうと、服の面積が増えるので重量感が増してしまいます。長すぎる丈の洋服には注意しましょう!

NG

2

大きすぎ!?

"大きすぎる服で太って見える!"

ぽっちゃりしたおしりやおなかなどをカバーしたいと願うあまり、余裕を持って体が入る大きな服を着てしまっていませんか? 体型よりも大きい服のせいで、体のボリュームが増して、もっと太って見えてしまいます。

それを知らないために、もっと太って見えたり、バランスが悪く見えたりすることがあります。このページでは、失敗着こなし例としっかり向き合って、どこが“ダメ”なのかを反省しましょう。

まず、一番やりがちなのが下のイラスト1のような「隠しすぎ」コーデ。体型を気にするあまり上から下まで洋服で覆ってしまうと、全体の印象が重苦しくなってしまいます。また、イラスト2のような「大きすぎ」の服を身につけてしまう傾向も。自分の体が十分に入る大きすぎるサイズの服でカバーしようと考えると、体よりも服のボリュームが大きく、よけいに太って見えがちです。逆に、やせていたころとコーディネイトを変えずにいると、イラスト3のように贅肉が洋服に響いてしまうことになります。そして、気をつけたいのがイラスト4のようなルーズすぎるスタイル。ぽっちゃり体型とカジュアルすぎるアイテムが、だらしなく見えてしまうのです。

あなたは、ついついこんなコーディネイトをしていませんでしたか？

NG

3

響きすぎ!?

“ぴったりした服が贅肉をアピール!?”

やせていたころと変わらないファッションのまま、コンパクトなニットやタイトなスカートを着続けていると、知らない間に周りの人に贅肉が見えていることが！ 体型以上に太って見えたり、老けて見えたりする原因に！

NG

4

ルーズすぎ!?

“Tシャツのせいでだらしない印象に”

お肉がついてくるとつい、楽ちんなTシャツやスウェットなどのカジュアル素材に手が伸びてしまいがち。でも、ゆるんできた体型とカジュアルすぎるファッションの相乗効果で、だらしなさが目立ちます。

Basic rule 1

〈 基本のルール 1 〉

全部隠すとかえって太って見えるんです！

見せるところと隠すところのメリハリをつける

前のページで反省したように、体型を気にするあまり“隠しすぎる”コーディネイトは重量感が出て、かえって太って見えがち。最初にマスターしてほしい基本のルール1は、ぽっちゃりめのボディの気になる部分だけ上手に隠し、体の細めの部分はあえて見せる着こなしです。とても単純なことですが、これが何よりも大事！

女性の体型には、お肉のつきやすい場所とつきにくい場所があります。たとえば腰まわりやおなかまわりは、どうしても脂肪をたくわえやすい場所。それに対して、手首や足首などは脂肪がつきにくいのです。これを活かして、上手に肌をのぞかせる部分を作ることで、コーディネイトに抜け感が生まれます。

ウエストやヒップなどお肉がたっぷりついている部分は、ゆったりした服で隠せばいいのです。その代わり、Vネックで首まわりを見せたり、七分袖のトップスやクロップトパンツで手首や足首をのぞかせたりなど、ちょっとした肌見せの工夫でコーディネイトにメリハリを作ってみましょう。

一度、全身鏡で自分の体型を見直して、お肉が気になるパーツ、そうでもないパーツを分けてみましょう。意外と「見せても平気だな」という部分があるはずです。右のページからは、イラストで詳しく、隠し方と見せ方のバランスを説明していきます。

NG

“全身くまなく覆うと重さが際立つ”

［NG］

“服の面積が広すぎてずっしり見える”

たとえばマキシスカートだと、おしりや太ももを隠す身幅の布が足首まで続くので重量感たっぷり。

ぽっちゃり体型を隠したいという気持ちで、ついやりがちなコーディネイト。大きいトップス×ロングスカートなど、ボリュームのある洋服を組み合わせると、スキがなく重量感ばかり増えて、実際の体型以上に太って見えてしまいます。

OK

“首や手首、膝下を見せると急にスッキリ！”

POINT

Vネックで首元を見せるだけで、コーディネイトに軽やかさが生まれてスッキリします。

POINT

太ももに比べて脂肪がつきにくい膝下部分は、あえて見せるほうが実は細く見えます。

思いきって、お肉が目立たない場所は見せてみましょう。Vネックで首からデコルテをのぞかせたり、袖を折り返して手首を見せたりすることで、コーデがグッと軽くなります。フレアスカートから膝下を見せるのも、メリハリができて◎。

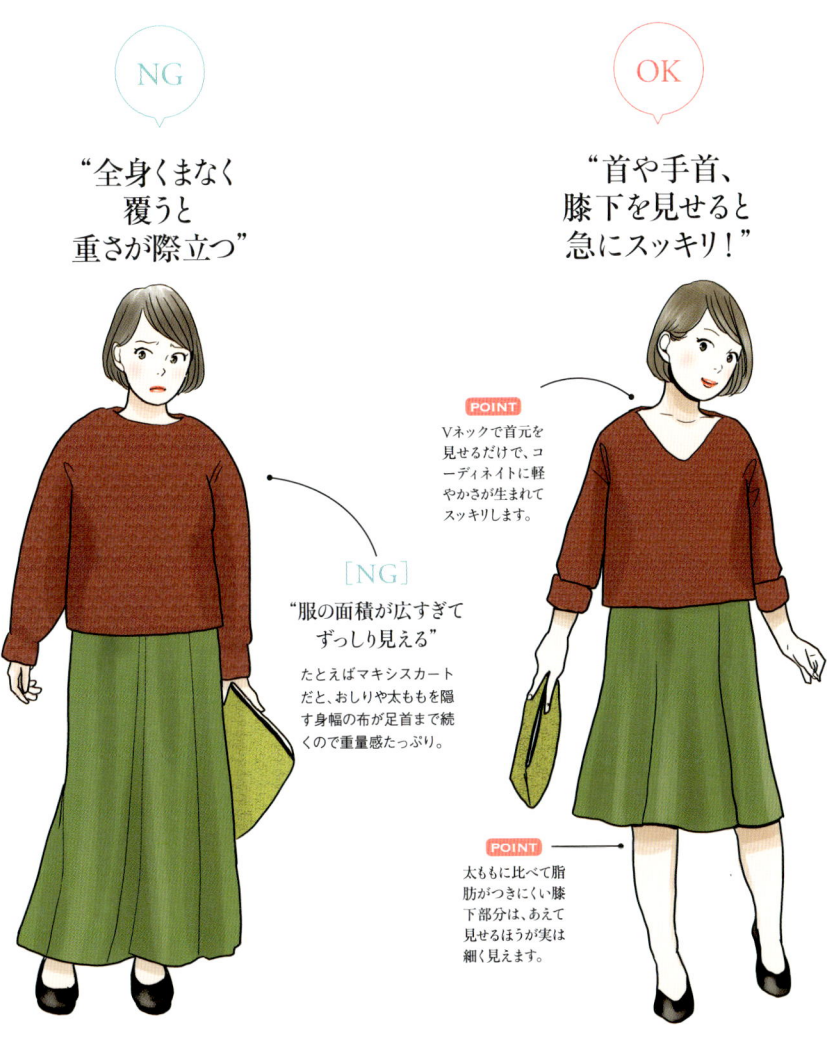

Basic rule 1

基本のルール1 見せるところと隠すところのメリハリをつける

「細いところはあえて見せる」

ぽっちゃりめの体型でも、首や手首、足首などのパーツは細いはず。ぽっちゃり体型を上手にカバーするためにも、少しだけでもそんな細いパーツを見せるコーデを心がけてみて。普段のなにげないコーデも、ボタンを開ける、袖や裾を折り返すなどの、ほんのひと工夫ですっかり見違えるはずです！

3つの首は出す

POINT
普段着ていたシャツもボタンを2つ開けて、首やデコルテをのぞかせるのがポイント。

POINT
シャツの袖を折り返すことで、ほっそりとした手首がのぞいて抜け感が出るように。

POINT
パンツの裾もロールアップを忘れずに！足首を見せるとコーデに軽やかさが生まれます。

“シャツ×パンツもひと工夫でメリハリが”

シャツ×パンツのなにげないコーデでも、“首”“手首”“足首”の3つの“首”を見せるようにするだけで、着やせして見えるように。

膝下は出す

POINT
太ももに比べればお肉がつきにくい膝下は、隠すよりも見せるほうがスッキリする。

“膝下を出すだけでコーデが軽くなる”

足首までのロング丈スカートをはくとコーデに重量感が出すぎてしまうので、思いきって膝下は出してしまうほうが、ほっそり見えます。

「気になる部分は上手に隠す」

「細いところはあえて見せる」のと逆に、おしりや太もも、おなかまわりなど、お肉が目立つ場所はきちんと隠すのも着やせのコツ。たとえばロングカーディガンなら、おなかからおしり、太ももまですっぽりカバーできます。その分、“あえて見せる”場所もきちんと残しておくのが、着やせのルールです。

ロングカーデで胴まわりはカバー

POINT
贅肉が気になる胴まわりは、太ももが隠れる丈のワンピースに同じ丈のカーディガンがカバー。

POINT
足元は、ロングブーツではなくショートブーツが正解。コーデに軽さが生まれます。

“隠したい部分だけ二重にカバーする”

体型が気になる部分をワンピ+ロングカーデで二重にカバー。カーデの袖をロールアップしたり、ショートブーツにすることで軽やかさも。

おしりも足も隠したい人は…

POINT
Vネックのカーデを選ぶことで、ロング丈でも肌が見えて抜け感が生まれます。

POINT
カーデの丈は太ももが隠れるぐらいのものに。膝丈になると重量感が増してしまいます。

POINT
フルレングスのパンツを合わせる場合、必ずロールアップしてヒールパンプスを合わせて。

“「隠す」がメインでも少しは肌見せを”

どうしても見せるのが苦手だという人も、ほんの少しの部分でもいいので、肌見せ箇所を作ってみて。また、隠すときほどヒール靴を選ぶのが正解。

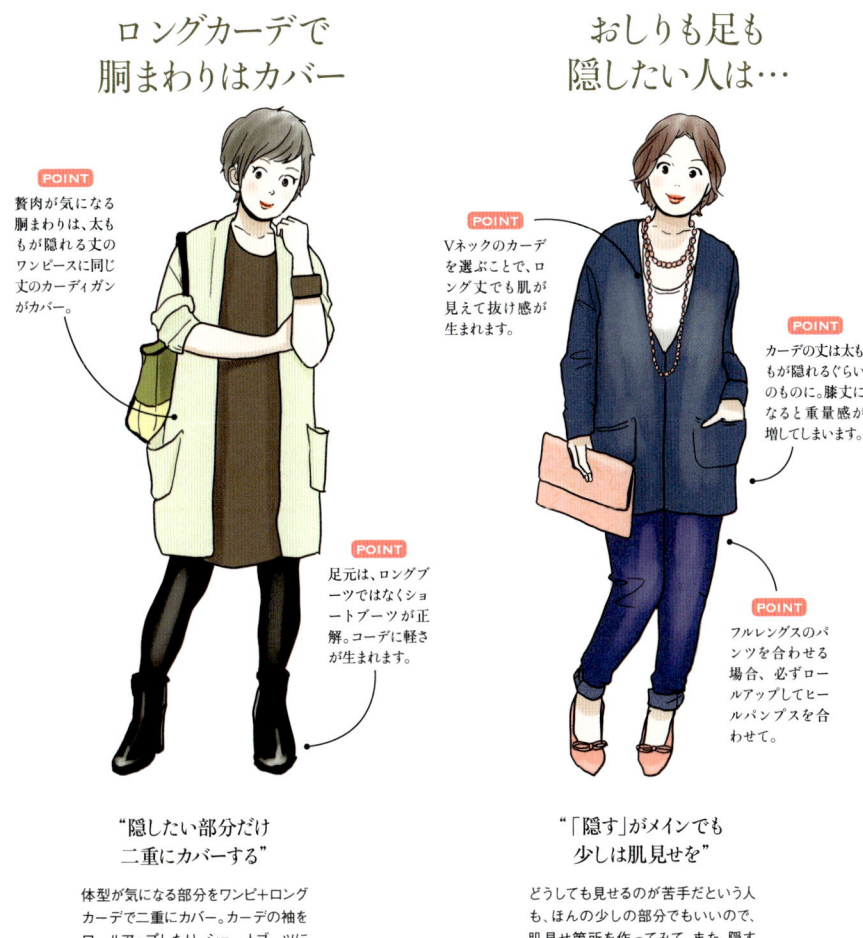

Basic rule 2

〈 基本のルール 2 〉

“ほっそり見え”＝“縦長”を意識すること

縦のラインを作って細く見せる

ほっそりした人とぽっちゃりした人の違いとはなんでしょうか？当たり前のことですが、ほっそりしている人は縦長に見えて、ぽっちゃりしている人は横幅が目立ちます。だから、ぽっちゃりした体型でも縦ラインを意識することで、実際よりも縦長に細く見せることができるのです。

では、縦のラインとはどういうことでしょうか？ 縦の辺が長い長方形を思い浮かべてみてください。まず、コーディネイトの中に長方形を作るようにします。たとえば、ロングジャケットやロングカーディガンなどのアイテムです。ショートジャケットだと正方形に近くなりますが、ロングジャケットは長方形のイメージになります。

さらに、ロングジャケットの縦長のフロントラインを印象づけるために、ボタンを開けて着てみましょう。2本の縦のラインが、体の中央に刻まれて、縦長の印象が強まります。

このように着こなしによって縦長のラインを印象づけることで、ぽっちゃりボディも横幅より縦ラインが強調されて、ほっそりと見えるように。これがぽっちゃりさんをおしゃれに見せる基本のルール2です。特に、ジャケット、カーディガンなどの羽織り物が、縦ライン作りの要になります。次のページからイラストで詳しく着こなし方を学びましょう。簡単にほっそり見えが叶います。

NG

“体のムチムチ感が伝わって横幅が目立っちゃう”

[NG]

“トップスとボトムの横幅が膨張して見える”

腰までの丈のトップスは、正方形に近いイメージ。縦丈よりも横幅が目立ってしまいがち。

ぽっちゃりしたボディを覆うものがなく、トップスとボトムがむき出しになってしまうと横幅ばかり目立ってしまいます。コーディネイトにメリハリもなく、ぽっちゃり感が際立ってしまうので、あまりおすすめできない着こなしです。

OK

“ノーカラーコートを開けて着ることで縦長見えに”

POINT

基本ルール1で学んだように、七分袖で手首を見せると長い丈の羽織り物も重たく見えません。

POINT

ボタンを開けて着ることで、コートのフロントラインが縦に強調されて細見え効果に。

ロング丈のアウターを着ることで、縦長の長方形ができ、コーディネイトの縦ラインが強調されます。また、トップスとボトムが見える面積が狭くなり、より細く見えるように！ さらにアウターとインナーの色にメリハリをつけると◎。

Basic rule 2

基本のルール2 縦のラインを作って細く見せる

「羽織り物で縦ラインを作る」

前ページでも記したように、ロングジャケットやロングカーディガンなど、長めの羽織り物は縦ラインを作るのに最適！ 羽織るだけでも着やせ効果は望めますが、さらにほっそり見せるためには、ボトムや中に着るアイテムの選び方も大事です。下のイラストではパンツスタイルとワンピスタイルにロングアウターを合わせるテクニックを紹介。

ライン入りのカーディガン

POINT
カーデに描かれたラインのおかげで、より縦ラインが強調されて見えるように。
POINT
カーデが長い分、トップスはせいぜい腰骨が隠れるぐらいの、長すぎない丈をセレクトして。

“縦ラインが目に飛び込む優秀着やせアイテム”

一枚で簡単に着やせできるライン入りカーディガンは持っていて間違いなし。パンツと合わせるなら、裾のロールアップは必須です。

ロングジャケット

POINT
ハリのある素材のジャケットなら、気になる部分のお肉も響かずしっかりカバーできる！

“ワンピと合わせるなら丈に注意して”

ロングジャケットにワンピを合わせるときは、ワンピの裾が少しはみ出るぐらいが正解。長すぎると重たく見えて、太って見えるように。

「ワンピースでラインを作る」

ぽっちゃりさんに向いているワンピのひとつが、縦ラインができるサックワンピース。特にサテンなどの生地で落ち感があり、縦にドレープができるものが◎。

縦ラインができる ワンピース

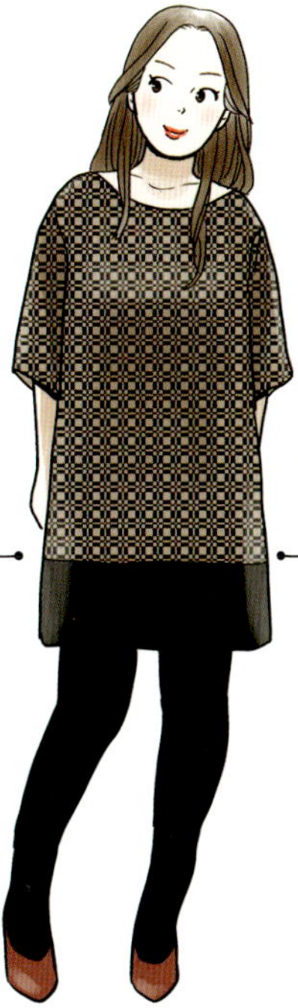

POINT
身幅が横に広がらず、縦長を強調してくれるストンとしたシルエットのものが最適。

POINT
落ち感のある生地から生まれる縦のドレープラインが、より縦長感を強調してくれる。

“落ち感のある つるんとした生地が◎”

おなかやおしりまわりの気になるお肉が響かず、つるんと滑るようなサテンなど落ち感のある素材のサックワンピが、身幅を細く見せてくれます。

「巻き物で縦ラインを演出する」

ストールなどの巻き物も縦ライン作りに役立つアイテム。巻き物といっても首に巻くのではなく、垂らして使います。特に羽織り物との組み合わせは最強！

ストールを 垂らす

POINT
コートの襟の内側にストールを垂らすことで、よりフロントの縦ラインが際立つように。

POINT
アウターも中に着たトップスも長いので、ボトムはクロップト丈の足首が見えるものに。

“ストールで簡単に 縦ラインが生まれる”

ストールが縦のラインを印象的に作り出し、ほっそり見えるように。コートの丈からはみ出ないぐらいのストールの長さがポイントです。

Basic rule 3

〈 基本のルール 3 〉

幅広ボディも目の錯覚で細くなる！

視線を散らして&重心を上げて スタイルUP効果

ぽっちゃりさんをより太く見せてしまうコーデのひとつに、“のっぺり”した着こなしがあります。たとえば、無地の大きな面積のものを着ると、面積の広さが目について、よけいに体が大きく、重たく見えてしまいがち。それを防ぐために、この基本のルール3では「視線を散らす」・「重心を上げる」方法を覚えてください。

たとえば、無地の1色の服よりも、色の切り替えがあるもののほうが、服の面積の広さが目につくこともなくなります。これが「視線を散らす」ということ。また、アクセサリーなどを身につければ、そちらに目を向かせることもできます。

また、ネックレスなどを身につけることで、コーディネイトのポイントになる部分を上のほうに作り、上部に視線を集めるようにするのが「重心を上げる」ということです。スタイルのよい人の体型を思い浮かべてみてください。腰の位置が高く、重心が上にあるはず。これを見習って、上部にポイントを作るのがスタイルUPのコツなのです。

次のページから、「視線を散らす」・「重心を上げる」効果のある服の選び方や、小物使いの方法を紹介していきます。一度ルールを覚えてしまえば、簡単に応用できる着こなしばかりです！

NG

“服の面積の大きさに視線が行きがち”

[NG]

“1色使いの大きな服でのっぺり見える”

単色の無地の服だと、体の面積の大きさが際立ってしまうのが難点。重くボリューミィな印象に……。

コーデが単調なせいで、ぽっちゃりした体型がもっと大きく見えてしまう……。簡単な着こなしだけに誰もがやりがちな失敗例がこちら。単色の無地のトップスに無地のパンツ、そんな組み合わせがのっぺり重たく見える理由です。

OK

“透け感のあるデザインとアクセがポイント”

POINT

コーデの仕上げのネックレスが、視線を散らし、重心も上げてくれてW効果！

POINT

透け感のあるトップスはレースカーテンのようなもの。視線を1か所に集中させません。

透け感のあるゆれるトップスが視線を散らしてくれるので、体の面積の広さを感じさせません。また、首元のネックレスも視線を散らし、さらに重心もUPしてくれるので、左と同じ色使いでもスッキリ感が違って見えるはず！

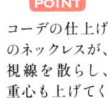

Basic rule 3

基本のルール3 視線を散らして&重心を上げてスタイルUP効果

「首まわりのポイントで視線を引きつける」

前ページでもネックレスが「視線を散らす」・「重心を上げる」という2つの効果があることを記しましたが、ネックレスの代わりに、首元にポイントのあるデザインのトップスを選ぶのもおすすめです。たとえば、襟元にビジューやパールなどがあしらわれているトップスは、キラキラと輝き、目を上に引きつけてくれます。

ビジュー付きトップス

POINT
首元にあしらわれたビジューが重心を上げ、のっぺりと見えるのを防いでくれます。

POINT
膝丈程度のフレアスカートは、重心が下がらずバランスよくはきやすいアイテム。

“キラキラ輝くビジューが目線を上に引きつける”

飾りのない単色トップスに比べて、格段にバランスよく決まるのがビジュー付きのトップス。襟ぐりは広めのものが着こなしやすくておすすめ。

襟の色切り替えのシャツ

POINT
襟の部分の色が切り替わっているので重心が上がり、引き締まった印象に見える。

POINT
ボトムにボリュームがあると重心が下がってしまうので、パンツは細身をセレクト。

“色違いの襟でメリハリが出るように”

シャツの身頃部分と襟の色が切り替わっていることで、襟に目が行くように。重心がグッと上に上がり、体が幅広に見えるのも防いでくれる効果が。

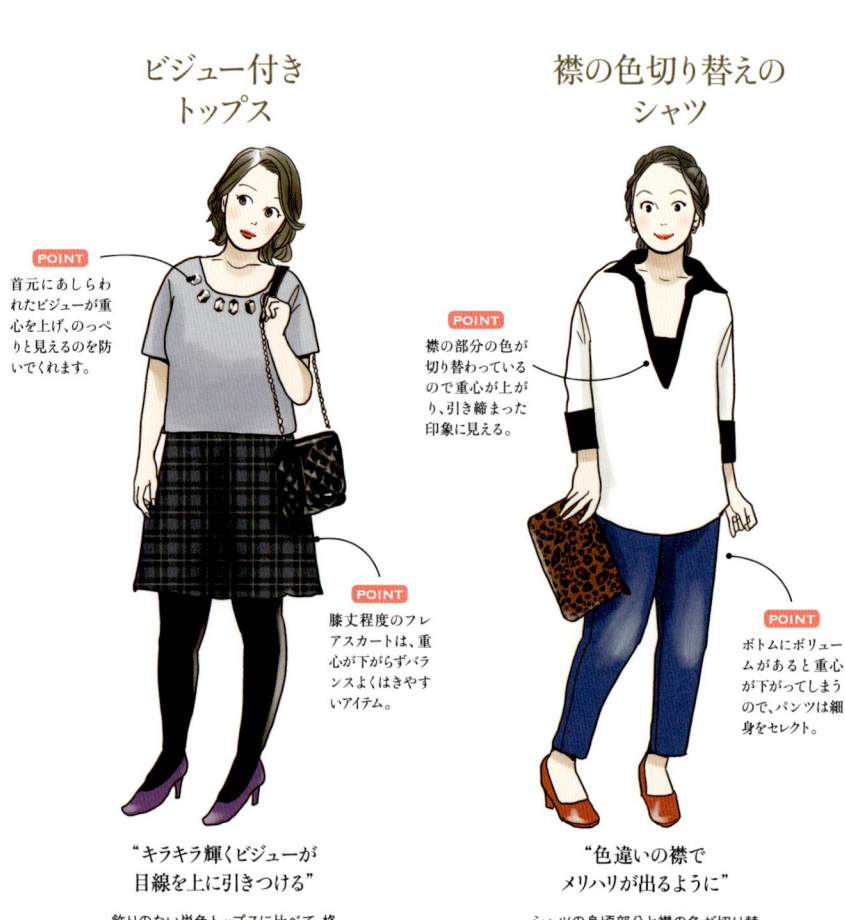

「切り替えデザインがボディを二分」

身頃の途中で色を切り替えているデザインの服は、単色のものよりスタイルよく着られるのがポイント。特に、上部に切り替えがあるとバランスUP！

切り替えワンピース

POINT
胸の上のあたりで色が切り替わっているので、重心が上がって脚も長く見えるように。

POINT
スカートが長すぎると、せっかくの色切り替えでも重心が下がってしまう。膝丈程度が◎。

“色の切り替えのおかげで体の面積も小さく見える”

単色のワンピースだと体が大きく見えがちですが、色が切り替えになっているので、錯覚効果で体も小さく見せ、また視線を上に引きつけます。

「小物使いで視線を散らす」

ネックレスだけでなく、首元に巻く小物は目線を上に引きつけるのに最適。また、単色の服に柄物の巻き物を身につければ、体の面積も小さく見せてくれます。

ストールを巻く

POINT
ストールを体の中央にふんわりと垂らすことで、ボディのボリューム感を軽減してくれます。

“ゆれるストールで視線を散らす効果”

単色のトップスだとどうしても体が幅広に見えがちなので、ストールの色と動きでコーデに立体感を出して、メリハリをつけるとバランスUP！

Basic rule 4

〈 基本のルール 4 〉

1色使いはNG！ 色合わせが鍵に

色を効果的に使って着やせする

ぽっちゃりした体を少しでも細く見せたいと思って、黒やネイビーなどの暗い色ばかり身につけていませんか？ 確かに暗い色や寒色は収縮色といい、物体を小さく見せる効果があります。でも、暗い色使いがコーデを重たく見せることもあるのです。バランスのよい着こなしには、複数の色を上手に使い分けるのがポイントです。単色コーディネイトは、ぽっちゃりボディを重く、大きく見せてしまう危険性があります。

たとえば、気になる太ももを細く見せたいから黒いパンツを選ぶというとき、トップスはあなたなら何色をセレクトしますか？ やっぱり、細く見えそうなネイビー？ でもブラック×ネイビーのコーディネイトは、暗い色の面積が広いので重たい印象を周りに与えてしまいます。同じ寒色でも明るいブルーのトップスを選ぶと、黒いパンツとのメリハリがつくようになります。さらに逆のベクトルにある白や黄色などのアクセサリーや小物を取り入れると、もっとファッションにリズムが生まれて、バランスがよく見えるはずです。

このような色使いでの着やせ術が基本のルール4。次のページからは、イラストで色の合わせ方を紹介していきます。トップスとボトム、インナーとアウターなどの上手な色の組み合わせをマスターして、もっとほっそり見えるファッションに挑戦しましょう！

NG

[NG]

“全身黒コーデは重く見えてしまう”

黒いパーカ×黒いスカートだと、全身の中での黒い面積が多すぎて、重苦しい雰囲気に。

着やせしたいと思うあまり、ぽっちゃりさんは黒などの暗いカラーを選びがち。でも、黒がメインのコーデは重く見えることに気づいていますか？

[NG]

“白は膨張色！着こなしに注意！”

白は軽やかには見えるけれど、膨張色なのでボディがより幅広に見えてしまう恐れが……。

体が広がって見えてしまう膨張色の白コーデ。白にもぜひ挑戦してほしいけれど、全身で取り入れるのはリスクが高いので注意！

OK

POINT

引き締め色のグレーパーカが、身幅が広く見えるのを防いでくれる。外側にグレーを着るのが◎。

POINT

インナーに白を持ってくることで、モノトーンでも上半身にメリハリが生まれるのがポイント。

POINT

スカートはパーカともインナーのシャツにもマッチする黒で、モノトーンの立体感を。

モノトーンスタイルでも、黒、白、グレーを上手に使い分けることで、コーデに立体感が生まれます。幅広に見えないように外側にグレーを持ってきて、内側には軽やかな白をセレクト。黒ボトムで脚も細く見えるように。

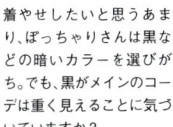

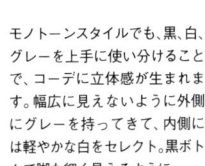

Basic rule 4

基本のルール４ 色を効果的に使って着やせする

「１色ワンピでも差し色でメリハリを」

単色のワンピースは、体の面積の広さを強調してしまいがち。着こなすときには、のっぺりと幅広に見えないように、色使いを工夫することが大切です。

NG

“ボディの大きさが目につく単色ワンピ”

暗い色のマキシワンピースは、1色が占める面積が大きいので、ボリューム感がずっしりと出てしまう……。

カーデを肩掛け

POINT

ネイビーワンピに映えるピンクのカーデを肩に掛けるだけで、メリハリが生まれる。

“ピンクのカーデがネイビーに映える”

カーデを肩掛けして、コーデの上部に色のメリハリを出すことで、重心が上がってバランスのいいコーデに。

シャツを羽織る

POINT

白シャツを羽織れば、ワンピのネイビーの面積が狭くなり、軽やかさが感じられるように。

“白シャツを羽織ってワンピも軽やかに”

爽やかな白いシャツを羽織ると、ワンピースのネイビーが見える面積が減り、コーデが軽やかに変化します。

「ヴィヴィッドカラーを取り入れてみる」

目立つ色だからチャレンジには勇気がいるけれど、ヴィヴィッドカラーを取り入れるとコーデにグッと緩急がつくように。思いきって挑戦してみて。

インナーに色を取り入れる

POINT

思いきってトップスに明るいブルーをチョイスすると、コーデにリズムが生まれます。

“モノトーン×ブルーでメリハリを出して”

アウターやボトムなど大きな面積のアイテムは落ち着いた黒やグレーでも、インナーでブルーを選べば、メリハリが出て洗練されます。

ヴィヴィッドなトップス

POINT

明るいイエローのトップスは白いパンツとも相性がよく、自然なメリハリが出るのが◎。

“白いパンツにはあえてイエロートップス”

膨張色だからと敬遠しがちな白いパンツだけど、足元を軽く見せるので実はおすすめ。その分、トップスには印象的なヴィヴィッドイエローをチョイス。

前後の色切り替え

POINT

前後に色切り替えがあると、横から見た姿にメリハリが出て、細く見えるのがポイント。

「色の切り替えでほっそり見せる」

単色のアイテムよりも色の切り替えがあるもののほうが、1枚でもメリハリが出せます。上下の色切り替えはもちろん、前後の切り替えも着やせに役立ちます。

“自分では見えない横姿まで気を配って”

最近、いろんなブランドから登場している前後の色切り替えのトップス。横から見たときにボディがスッキリ細見え。

Basic rule 5

《 基本のルール 5 》

“ダボダボ”も“ピチピチ”もダメ!

服のボリュームのメリハリを作る

ぽっちゃりさんがやりがちな失敗コーデのひとつに、体を隠すために大きくて長い服ばかり選んでしまうというものがあります。もちろん、気になる部分を隠したいという気持ちは当然ですが、実は大きなトップス×大きなボトムという組み合わせは、体がもっと太って見える大変危険な組み合わせなのです。

心がけてほしいのは、コーディネイトの“部分”を見つめるより、もっと“全体”を眺めること。「おなかが気になる」「太ももを隠したい」とパーツごとに考えるのではなく、視野を大きくして、全体のバランスを考えて洋服を組み合わせてみましょう。そのほうが、結果として着やせにつながります。

長めのトップスでおしりまですっぽり隠すなら、ボトムは短めのもの、または細身のものをセレクトするとバランスよくまとまります。逆に、足までふんわり隠せるロングスカートを選ぶなら、トップスは大きすぎないものをチョイスするのが正解です。

このように、服のボリュームでコーディネイトにメリハリを作るのが基本のルール5。ここまでに紹介した5つのルールを毎日のコーディネイトで実践すれば、おしゃれであか抜けた着やせスタイルが簡単にできるようになるはずです！

NG

“ロングトップスに ロングボトムが 重すぎる印象”

[NG]

“コーデの重心が下がり 短足＆太って見える”

長いトップスでウエスト位置もはっきりしないうえに、膝下丈のフレアスカートで重心が下に。

「おなかや腰まわりを隠したい」から長いトップスを選び、「脚を隠したい」から長めのフレアスカートを選ぶ……。このように隠すことを基準にコーデすると、結果、バランスが悪く重く見え、太って見えてしまいます。

OK

“ゆったり服なら 少し短めにすると スタイルUP！”

POINT

気になる二の腕はふんわりとフレアスリーブでカバー。肘下は見せることでスッキリ。

POINT

トップスは、身幅がゆったりしている分、おへその少し下ぐらいの長すぎない丈でバランス◎。

POINT

ボリュームのあるフレアスカートでおしり＆太ももをカバー。その分、重くならない膝上丈に。

気になる部分をカバーするために、身幅がゆったりしたものやフレアスカートなど、横幅のあるデザインを選ぶなら、重くならないように丈は短めにするのがマスト。左コーデよりもスッキリと見えるはずです。

Basic rule 5

基本のルール5 服のボリュームのメリハリを作る

「ボリュームのあるトップスには…」

女性の体型で脂肪がつきやすい、胸やおなか、おしりなどをすっぽりカバーしてくれる便利なボリュームトップス。その分、ボトムの合わせに注意しましょう。

NG

“ロングトップス×ロングスカートは超重量級！”

チュニックなどの長めのトップスにマキシスカートを合わせると、全身が重く大きく見えてしまいます。

ロングトップス × スキニー

POINT

トップスが重たい分、細身のパンツがマスト。裾もロールアップして丈を短く見せて。

“重めのトップスは細いパンツでスッキリ”

ロング丈のトップスはどうしても重たく見えるので、パンツはスキニーのような細いものを選ぶのが正解。

ボリュームシャツ × クロップトパンツ

POINT

足首が見える七分丈のクロップトパンツなら、トップスのボリュームを緩和してくれる。

“ボリュームシャツには足首が見えるパンツを”

横幅も長さもあるボリュームシャツには、足首が見えるクロップトパンツを合わせて、軽やかさを確保して。

「ボリュームのある ボトムには…」

ふんわりと広がるフレアスカートや、膝下丈のロングスカートを選ぶなら、トップスはショート丈を合わせるのが基本。バランスよくまとまります。

ショートトップス × ボリュームスカート

POINT
ウエストにかかるぐらいのショート丈トップス。身幅が広いものなら、ショート丈でも着やすい。

POINT
ふんわりとボリュームのあるスカートは腰〜おしり〜太ももを隠してくれる便利なアイテム。

“ショート丈トップスも身幅広めなら着やすい”

ふんわりスカートをバランスよく引き立てるのがショート丈トップス。身幅が広めのゆったりデザインが◎。

ウエストゴムワンピでリズムをつける

POINT
ハイウエストに入ったゴムで、体にふんわりとメリハリを演出でき、スタイルUPします。

POINT
布地のボリュームがたっぷりあり、縦にドレープができるデザインが細見えのポイント。

“ウエストのくびれを演出するワンピ”

ハイウエストに入ったゴムで自然とメリハリが出て、長め丈のワンピでもスッキリ着ることができます。

「ワンピースにもメリハリが大事」

長いワンピースなら特に、メリハリを作らないと体が膨張して見えてしまいます。ウエストにゴムが入っているものなら、自然とメリハリが生まれます。

Column 1

目の錯覚でほっそり見える！

「錯視」が着やせに効果大！

「錯視」とは目の錯覚のこと。直線が湾曲して見えたり、同じ長さの線なのに片方が長く見えたりなど、最近では、さまざまな図形で目の錯覚が引き起こされることが知られていますが、実はその錯視をコーディネイトに当てはめてみることもできるんです。着やせのルールにも錯視が関係しているので、ここで3つの錯視の図形をコーディネイトに応用して、考えてみましょう。

1 ヘルムホルツの正方形

下のAとBを見比べてください。どちらの四角が縦長に見えますか？ 本当は両方とも同じサイズの正方形なのですが、Aの縦じまのほうが横長に、Bの横じまのほうが縦長に見えます。つまり、ボーダー柄で着やせできるということです！

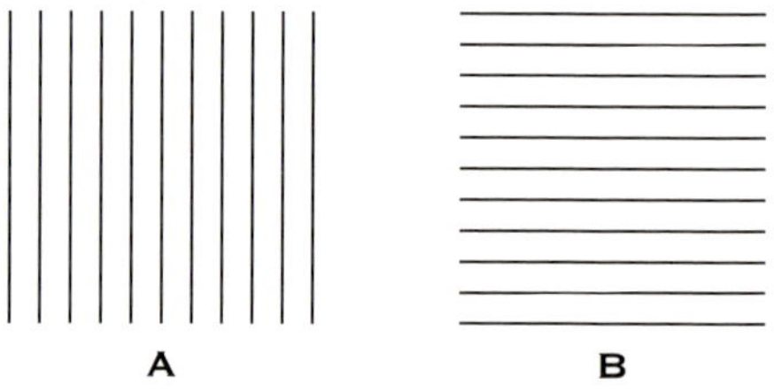

“正方形に近いトップスでボーダー柄を取り入れて”

ボーダー柄とストライプ柄だと、ストライプのほうが着やせできるイメージがありますが、トップスで正方形に近いバランスで取り入れれば、実はボーダーのほうが着やせに効果があるということ！ 縦長に見えるので細見えします。

A　　B

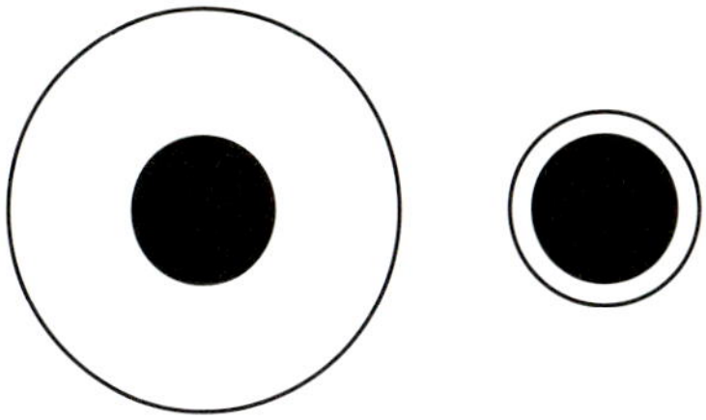

2 デルブーフ錯視

白い円の中に描かれた黒い円。AとBどちらの黒い円が大きいでしょうか？これも実は、黒い円の大きさは一緒。Bのほうが黒丸が大きく見えますよね。周囲を囲む円の大きさが違うと、こんなにも違って見えるのです！

“大きな襟があれば
小顔に見せられる”

左図の黒丸を頭の大きさで、周りを囲むものを服の襟だと考えてみると……。広めに開けた大きな襟のほうが、首まで詰まった小さな襟よりもスッキリ小顔に見せられます。首まわりが詰まったデザインのものは、避けたほうがよさそう。

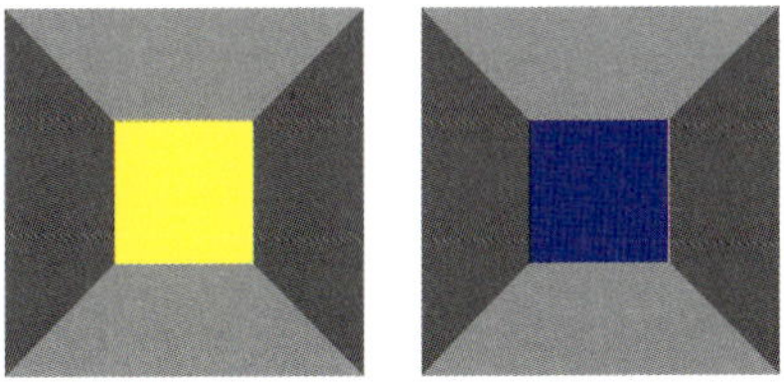

A　　B

3 膨張色と収縮色

今度は色が引き起こす目の錯覚について。AとBは同じ形の図形ですが、黄色のほうは前に出ていて、青色のほうが奥まって見えませんか？ 黄色などの暖色は膨張色、青色などの寒色は収縮色で、寒色のほうが着やせできるのです。

“単色のワンピースを着るなら
寒色が着やせできる”

同じ形のワンピースで、イエローにするかブルーにするか悩むなら、着やせ効果で考えたらブルーに軍配が上がります。もちろん、トップスとボトムの色合わせによっては、暖色も有効。ただ、1枚で着やせしたいなら寒色を！

もっとおしゃれを楽しむために

ぽっちゃりさんの着こなしお悩み Q&A

Q2 服がつっぱって動きにくくなるのがいやなのですが、やっぱりTシャツなどを選ぶべきでしょうか？

A2

“伸縮性のある服には要注意です！”

ぽっちゃりしてくると、服がお肉で引っ張られてつっぱる感覚が出てきます。手を上げたり、かがんだりする動作の際に引っ張られるなど、着心地が悪いと感じることも多いはず。

だからといって、Tシャツやカットソーなど伸び縮みする服を選ぶのは、実は危険なんです！ というのも、伸縮するアイテムは、お肉にもフィットしてしまうから。脇肉やおなかの肉に合わせてTシャツが伸び縮みして、気になる部分まで丸わかりになってしまいます。また、ニットも薄手のものは要注意。お肉が響きがちです。着心地もやわらかく、体にも響かないシフォンやレーヨン素材がぽっちゃりさんにおすすめです。

Fashion Rules for Plump Ladies

Chapter 2

気になる体のパーツ別
着こなしスタイル

第2章では、今度は気になる体のパーツごとに
着やせして見えるスタイルを紹介します。
若いころにはなかったはずの贅肉に、どんな女性も悩んでいます。
でも、たっぷりとお肉がついてしまったおなかもおしりも、
着こなし次第で、まだまだスッキリ見せられるはず！
上手なコーディネイトで着やせできれば
毎日のおしゃれがもっともっと楽しくなるはずです。

Dressings for plump body parts

自分に似合う服を見つけること！ ぽっちゃりさんのボディには 体型カバーが欠かせない

年を重ねるごとに、だんだんたまってきたおなかやおしりまわりのお肉……。30代、40代、50代と年齢があがっていくと仕方のないことなのかもしれません。体型の変化にともなって、若いころとは着こなしが変わっていくのも当然のこと。

特に、女性の体に脂肪がつきやすいのがおなかや腰まわりですが、このあたりにお肉がつくと、若いころは得意だったウエストがくびれた洋服は選びにくくなってしまうはず。余計な脂肪がなかったころは、お店でどんな服でも選び放題だったし、ショップスタッフや店頭のマネキンのコーディネイトのような、流行最先端の着こなしにもチャレンジできたでしょう。でも、体型が変わってきてからは、"流行"や"可愛い"という基準とは違う、今の自分の体型をきれいに見せる服選びというアプローチが必要になります。大人の女性の着こなしには、体型カバーが欠かせません。

このチャプターでは、気になる体のパーツごとに、上手に体型カバーして着こなす方法を紹介していきます。たっぷりとした胸、ぷよぷよとした二の腕、しっかりお肉がついてしまったおなかや腰まわり、大きくなったおしり、ずしっとした太もも……。あなたの気になるパーツのページをしっかり読み込んで、お店で服を選ぶときにぜひ参考にしてください。きっともっと体を素敵に見せる服をチョイスできるようになるはずです。

「お肉が気になるパーツは…」

Front

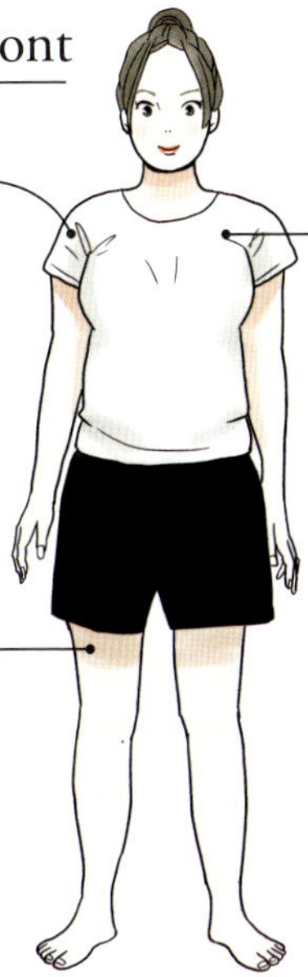

Side

肩 » 二の腕

脂肪がついてくると、首から肩～二の腕のラインが丸くなります。肩幅と袖にゆとりが必要。

胸

豊満な胸でトップスがピチピチになり、ひとつ上のサイズを買わないといけなくなることも。

太もも

太ももが太くなると、パンツが苦手になりいつもロングスカートで隠してしまうことに。

おなか

ウエストのくびれは今や昔。おなかに脂肪がついた今は、長めのトップスが欠かせない。

腰 » おしり

実は、腰からおしりの肉づきは年齢を感じさせてしまうポイント。うしろ姿まで注意したい！

女性の体型で脂肪がつきやすいのは、上の5つのパーツです。ここにお肉がつくのは年齢を重ねれば仕方のないこと。だからこそ、大人の着こなしは、どうやって体型をきれいに見せる服を選ぶかにかかっています！ 服のチョイスがうまくなれば、おしゃれ上手に！

こんなアイテムが向いています

“ギャザーの入ったデザインはおすすめ”

ぽっちゃりボディは丸みがあって立体的。その立体感になじむのがギャザー入りのデザイン。体型に合わせてギャザーが伸び縮みします。

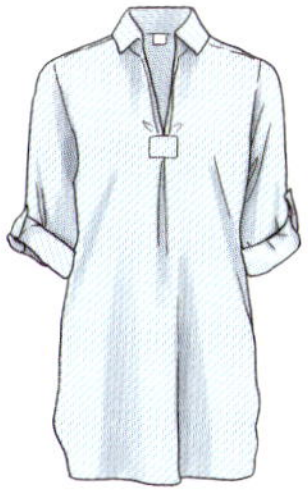

“肌見せ箇所のあるロングシャツ”

Vネックになっていたり、袖をロールアップできるタップがついていたりする、ゆったりしたロングシャツは、ぽっちゃり体型に◎。

“ウエストゴムのフレアスカート”

おなかが苦しくならないウエストがゴムのスカートは、ぽっちゃりさんの強い味方。ふんわりギャザーたっぷりのフレアが最適！

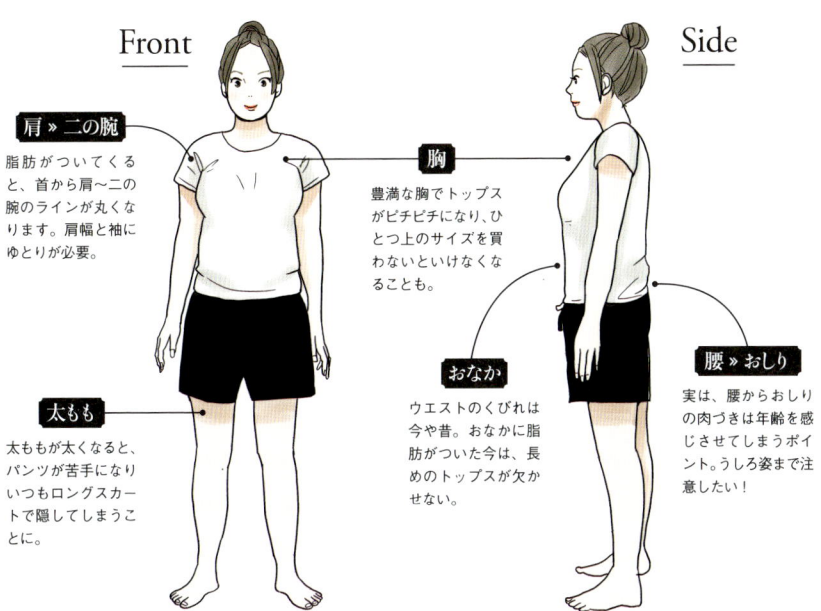

Body part 1

〈 気になるパーツ1 〉

年を重ねて一番お肉がつきやすい

腰»おしり

Waist » Hip

体のうしろ側だから自分ではなかなか気づきにくいけれど、実は腰からおしりのお肉は30代以降の女性につきやすく、年齢を感じさせてしまうポイント。逆に言えば、うしろ姿をきれいに見せると、若々しく見えるようになるのです。ここでは服のチョイスやコーディネイトで腰からおしりをきれいにカバーするテクニックを紹介していきます。

まずは、服のチョイスについて。腰やおしりを上手に隠す服は、チュニックのような丈の長いものが一番。上手な選び方は次のページからイラストで詳しく説明します。

次に、コーディネイトについて。腰やおしりにお肉がつくと下半身のボリュームが増すので、どうしても体の重心が下がって重く見えてしまいます。この重心をコーディネイトで工夫して、上に上げて見せること。それができれば大きなおしりも気にならなくなるはずです。

体型カバーとは、気になる部分を隠すことだけではありません。さりげなく隠すと同時に、きれいに見せること。服のチョイスとコーディネイトの2つの面から、腰からおしりの気になるお肉を上手にカバーし、体型をきれいに見せるテクニックをマスターしましょう！

ここに注意

△ うしろ姿が年齢を感じさせる

△ 重たく見えてしまう

これでスタイルUP

◎ チュニックなど長い丈のトップスを選ぶ

◎ コーデで重心を上げる工夫をする

NG

“ゆったりした服で腰やおしりを隠すと重い印象に”

[NG]

“おしりを隠すために全身が巨大に！”

サイズの大きな服でおしりまで見せないようにすると、服の面積が広がって重く見えます。

重心が下がる

腰やおしりを隠そうと、ゆるく大きなサイズのトップスにマキシスカートをチョイスすると、全身が大きな服で覆われて重たい印象に。一番身幅があるおしりの幅にスカートが引きずられ、足首のほうまで太く見えてしまいます。

OK

“腰にシャツを巻いてバランスUP”

POINT

“気になる腰まわりにシャツを巻いて”

カラーシャツをウエストに巻くことでコーデにメリハリができ、スタイルUPします。

腰にシャツを巻けば、ウエストのくびれを演出でき、さらにおしりと腰をカバーできるので一石二鳥！ 色と柄がプラスされるので、コーデにメリハリができてバランスがよくなります。ほどよいカジュアル感も今っぽくておしゃれ。

Body part 1

気になるパーツ1 腰»おしり

「背中側に気を配る」

自分ではなかなか意識しない背中側ですが、腰やおしりにお肉がつくとうしろ姿が老けて見えてしまいます。背中側のお肉を感じさせない工夫がされているトップスを選んで、うしろ姿の美人度をUPさせましょう！ 丸みのある体型には、立体感のある服がよく似合います。ここでは背中切り替えの服をクローズアップ！

背中切り替えのトップス

**“うしろ姿を
立体的にカバーして
スッキリ見せる”**

背中側の生地の一部がシフォンなどのやわらかい素材でAラインに広がったトップス。ふんわりと自然に広がり、気になるおしりや腰をさりげなくカバーします。

POINT
シフォン切り替えデザインがふんわりと背中から腰をカバーし、体の動きも邪魔しない。

Front

**“正面から見ると
シンプルなトップス”**

正面からは一見、シンプルなトップスだけど、背中にゆとりがあることで着心地もよくなります。

Back

**“布地の切り替えで
おしゃれさもUP”**

ふんわりシフォンが体の動きに合わせてやわらかくゆれるので、服のパツパツ感もなく美しいうしろ姿に。

「ウエストを作る」

腰やおしりにボリュームがつくと、ウエストのくびれがなくなってしまいます。スタイルをよく見せるために、洋服で疑似的にくびれを作り出してみましょう！

ワンピース

“ゴムの入ったギャザーワンピでくびれを演出”

ギャザーがたっぷり入ったゆったりと着心地のいいワンピース。ウエストをゴムで絞るデザインだと、苦しくないのにくびれが生まれてスタイルUPできます。

Front

POINT
ウエストにゆったりと着られるゴムがあることで、見た目にメリハリが生まれます。

Side

POINT
うしろにもくびれができるので、ふんわりと自然におしりを隠すこともできるんです。

「動きのある服を選ぶ」

しゃがんだり歩いたりするたびにゆれるうしろ姿のお肉をさりげなく隠せるのは、体の動きに合わせて自然と動きが出るデザインの服なのです。

切れ込みのあるチュニック

POINT
サイドに切り込みがあると体の動きに合わせて服も動きやすくなり、どんな姿勢のときもきれいに。

“うしろ側のお肉を前に響かせない”

サイドに切り込みのあるトップスは、姿勢に合わせて服が動き、お肉を自然にカバーします。うしろ側のお肉のせいで正面がつっぱる心配もありません。

「アウターでカバーする」

ぽっちゃりさんは、堅い生地の服を敬遠しがちですが、ハリのあるジャケットやアウターは、お肉をカバーしてくれるのでおすすめです。

ロングジャケット

POINT
腰まわりをカバーする長さのロングジャケット。生地のハリ感でお肉をしっかりカバー。

“腰が隠れる丈のジャケットでカバー”

テーラードジャケットなど、ハリがある厚手生地の羽織り物は、体のラインを外に響かせず、しっかりと抑え込んでくれるアイテム。腰のお肉も見せません！

Body part 2

《 気になるパーツ2 》

ぽっこりラインが服に響く!

おなか

Stomach

前ページまでに説明した腰やおしりと同様、おなかまわりの悩みも女性たちにとっては深刻なもの……。いつの間にか、ウエストがなくなって、昔は当たり前のようにしていたウエストラインを見せるコーディネイトができなくなってしまったという人も多いはず。

でも、横幅も広く丈も長いダボダボの大きな服でおなかを隠すと、実際の体型よりもよけいに太って見えてしまうのです。だから、「おなかのカバー=大きな服を着ること」ではないことを、まず頭に入れてください。ほどよくおなかを隠し、かつスッキリ細く見える着こなしを目指したいところ。

おなかが気になる人にとって一番苦手なのは、丈の短いトップスではないでしょうか。でも、こんな大敵のアイテムだって選び方次第&コーディネイト次第で着こなすことができます。たとえばふんわりとしたシフォン素材のトップスや、裾がバルーンになっているトップスなら、短めの丈でもおなかをきれいにカバーできます。また、短めのトップスの中にシャツなどをレイヤードするのも、体型カバーのテクニックのひとつ。こんなテクニックでスタイルUPを叶えましょう!

ここに注意

△ ダボダボの服で隠すのはNG

△ ぴったりしたトップスも避ける

これでスタイルUP

◎ レイヤードスタイル

◎ シフォン素材のトップス

NG

“短いトップスはおなかの肉が悪目立ち！”

［NG］

“おなかが見える短めトップス”

ウエストより少し長いぐらいの丈でも、おなかが気になる人にとっては着こなしが難しい。

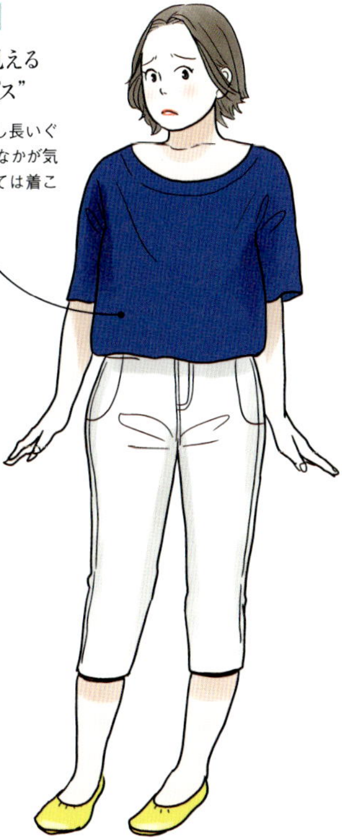

おなかのぽっこりラインが気になるので、トレンドのショート丈トップスはなかなか着こなしが難しいアイテム。パンツにのる脇肉が見えそうなのもヒヤヒヤしてしまいます。もう少し上手な隠し方を工夫する必要がありそう。

OK

“Aラインのチュニックならおなかをカバー”

POINT

“裾に向かって広がるシルエット”

おなか周辺を自然に隠す丈のチュニックで、気になるお肉の存在を気づかせません。

Aラインのシルエットなら、肩や胸のあたりは細めで、気になるおなかのまわりだけふんわりとさりげなくカバーできます。ただし、全体が重く見えないようにパンツは足首が見える丈でコーデするのが鉄則です！

Body part 2

気になるパーツ2 おなか

「レイヤードを上手に取り入れる」

おなかが気になるぽっちゃりさんにおすすめなのが、トップスのレイヤード(重ね着)スタイル。流行のショート丈トップスだって、タンクトップやシャツをレイヤードすればおなかを自然にカバーしながら着こなせるはずです。単純なコーデよりも洗練されて見えるので、組み合わせを遊びながらひと工夫してみて。

タンクトップをレイヤード

POINT
ふんわりとやわらかいシフォンのタンクトップを、ショート丈トップスの下から見せて。

“やわらか素材のタンクトップがおなかを隠す”

ショート丈トップスのおかげでコーディネイトの重心が上がり、バランスがよく見える着こなし方。ゆれるシフォンタンクがおなかをふんわりとカバーしてくれます。

シャツをレイヤード

POINT
おなかが隠れる丈のシャツをトップスの下からのぞかせて、おなかの肉を気づかせません。

“シャツの裾を見せればおしゃれ度もUP”

シャツのチェック柄がメリハリを生み出し、コーディネイトを洗練させます。トップス1枚で着るとおなかが気になるけれど、シャツの裾でさりげなくカバーできます。

「ひと工夫ある服を選ぶ」

平面的な服を着てしまってお肉のパツパツ感があらわになってしまうと大失敗。ひと工夫されたトップスで、おなかを自然にカバーしましょう。

バック切り替えトップス

“背中側のひと工夫がおなかまでスッキリ見せる！”

関係ないと思いがちだけど、背中側にゆとりを作ってある服は、おなか側にもゆとりが生まれるんです。自然な広がりで体型をスッキリ見せられます。

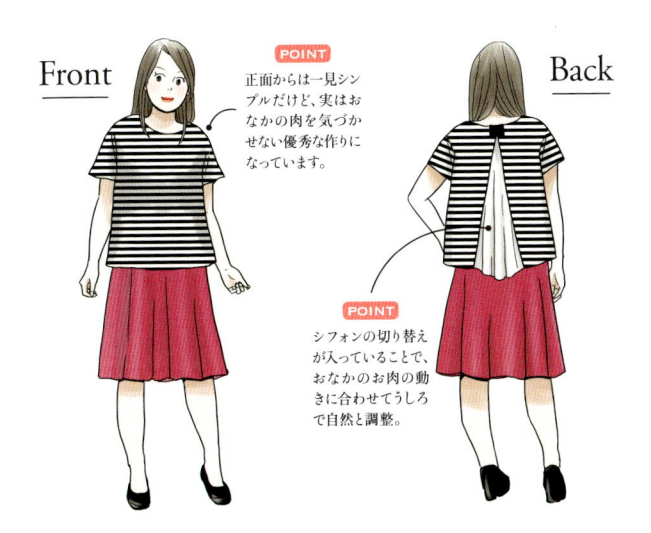

Front

POINT

正面からは一見シンプルだけど、実はおなかの肉を気づかせない優秀な作りになっています。

Back

POINT

シフォンの切り替えが入っていることで、おなかのお肉の動きに合わせてうしろで自然と調整。

「やわらか素材でラインを響かせない」

ニットやカットソーなどの伸縮性素材より、おすすめしたいのはシフォンやサテンなどのとろみのある素材。体のラインが響きません。

シフォンジャケット

POINT

落ち感ととろみのあるシフォン素材のジャケットは、おなかの肉感をふんわりとカバー。

“とろみのある素材が大人の着やせに”

体のラインが響かないやわらかいジャケットなら、自然な揺れ感を出しながらおなかまわりをふんわりとカバー。大人っぽく洗練されたスタイルに。

「Aラインがおなか隠しに効果大！」

おなかはカバーしたいけれど、ほかの部分までダボダボしてしまうと全体に太って見えてしまいます。さりげないカバーができるAラインがおすすめ。

Aラインワンピース

POINT

裾に向けてふんわりと広がるAラインなら、全体は太く見えず、おなかまわりはカバー。

“自然なAラインがおなかぽっこりの味方”

女性らしいAラインシルエットのワンピースは、おなかのぽっこり感を気にせずに着られるアイテム。さりげない広がりシルエットでスッキリ見えるのがポイント。

Body part 3

《 気になるパーツ3 》

気づいたらパンツが苦手に!

太もも

Thighs

脚が太いと悩んでいる人に、もう一度、全身鏡でご自身を映して確認してほしいと思います。太いのは太ももで、膝下は実はそれほど太くないのでは？ 女性の体で、太ももは脂肪がつきやすい場所ですが、膝下はそれほど太くならない場所なのです。このことがわかれば、コーディネイトも今までとは大きく変化させられるはずです。

脚の太さを気にする人が好むコーディネイトのひとつに、くるぶしまですっぽり隠すマキシスカートのスタイルがあります。でも、地面までふんわりと広がるフレアスカートで、太ももよりも細いはずの膝下まで隠してしまうと、体のボリューム感がさらに増して見えてしまいます！ 着やせするためには、太ももは隠し、膝下の細さは生かして見せるのが正解なのです。

また、太ももを気にする人はパンツスタイルを苦手としていることが多いですが、選び方とコーディネイト次第でパンツだってはきこなせるようになるはずです。

太ももカバーとスッキリ感が両立する着やせ術を次ページから勉強していきましょう！

ここに注意

- △ 脚を全部隠すのはNG
- △ タイトなボトム

これでスタイルUP

- ◎ 膝丈のフレアスカート
- ◎ タックパンツ

NG

“タイトスカートは太ももにとって大敵です”

［NG］

“ぴったりとはりつくタイトスカートはNG”

腰から太ももの太さを強調してしまうタイトなボトム。太ももが気になるなら、避けるほうがベター。

大人の着こなしに欠かせないタイトスカートだけど、太ももが気になる人にはあまりおすすめできません。太ももにぴっちりとはりつき、気になる部分を悪目立ちさせてしまう恐れが……。もう少しふんわりカバーを目指しましょう！

OK

“ギャザーたっぷりのフレアスカートで太ももカバーに”

POINT

“ふんわりシルエットで太ももが見えない！”

ギャザーの入ったスカートなら、太ももの太さをさりげなくカバーし、脚の形がバレません。

自在に動きが出るギャザーのスカート。歩くときなどにも動きがよく、太もものパツパツした感じが服に伝わらないのもポイント。ただし、ふんわりフレアシルエットのスカートは、膝丈程度がちょうどよく、長いと重く見えるので注意！

Body part 3

気になるパーツ3 太もも

「裾フレアで太ももカバー」

太ももが気になるなら、体全体をゆったり服で覆うより、太ももだけをふんわりカバーするほうが、着やせにつながります。裾だけふんわりと広がるシルエットの服は、太ももぽっちゃりさんに最適のアイテム。気になる箇所だけさりげなく体型カバーできるので、こんなシルエットの服をぜひ手に入れて。

裾切り替えワンピース

POINT
おなかのあたりまではストレートな縦ラインで、ほっそり着やせして見せるシルエット。
POINT
裾部分のみフレアになっているので、おしりから太もも部分はゆったりとカバーできる。
POINT
アウターを羽織るなら、ワンピースの裾と同じぐらいの丈のものがマッチします！

“裾だけふんわり感が全体の着やせにつながります！”

コーデの印象は縦に細長く見せてくれるのに、太ももだけはしっかりカバーする裾フレアシルエット。太ももぽっちゃりさんにはまさにおすすめのデザイン。

“アウターと合わせても裾フレアがきれいになじむ”

裾のふんわり感を邪魔しない、コクーンシルエットのモッズコートは相性よく着られるアウター。ワンピースと同じぐらいの丈がグッドバランスの秘訣です。

「黒いパンツは太もも隠しに無敵！」

パンツは太もものパツパツ感が出るので苦手だという人も多いけれど、引き締めカラーのブラックなら、脚が細く見えるのでおすすめ。タック入りパンツで、おしりから太ももまわりはゆったりしていて、裾に向かってすぼまっているシルエットを選べば、気になる箇所はカバーできて、細見えします！

黒パンツ × 腰巻き

“黒で引き締め＆シャツ巻きでWカバー”

黒いパンツの力で美脚に見せ、さらにシャツを腰に巻くことで気になる太ももまわりをさりげなくカバー！　ひと手間加えたコーデで、洗練度もUPします。

POINT

黒は最大の引き締めカラー。太ももまわりはゆったりしたデザインのパンツを選べばバッチリ。

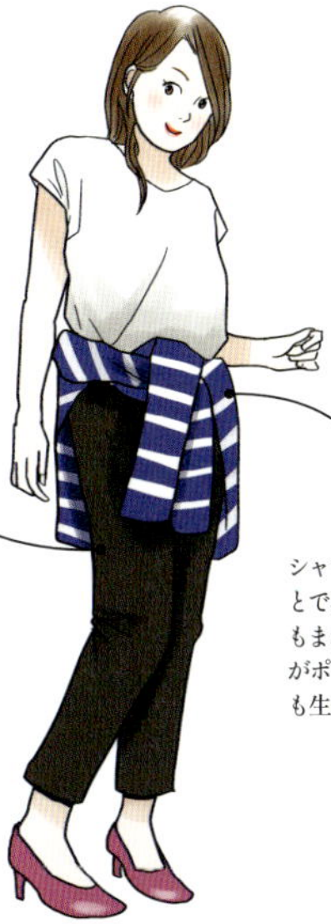

POINT

シャツを腰に巻くことで、気になる太ももまわりを隠せるのがポイント。メリハリも生まれます。

黒パンツ × Vネック

POINT

ぽっちゃり体型をあか抜けて見せるVネックトップス。ライン入りなら、さらにスッキリ見え。

“トップスの黒ラインがパンツとマッチ”

脚を細く見せる黒パンツの力を最大限発揮するために、上半身も重くならないVネックトップスに。襟と裾の黒ラインには引き締め効果があります。

黒パンツ × ゆるシャツ

POINT

ジャケットのインから少しだけシャツの裾をのぞかせることで、太ももをほんのりカバー。

“ゆれるシャツの裾で太ももが気にならない”

黒いパンツと白いシャツの色のメリハリがつくと同時に、ふんわりゆれるシャツの動きで太ももを自然とカバー。ただし、長すぎるシャツはNG。

Body part 4

《 気になるパーツ4 》

袖がパツパツだと太って見える!

肩 » 二の腕

Shoulder » Upper arm

ぽっちゃりしてくると、肩や二の腕のまわりにもお肉がつき、丸みが出てきます。そこから生まれる女性らしい丸いシルエットが可愛らしくもあるのですが、服の選び方はやせていたころとは大きく変える必要があります。

たとえば、肩の形がしっかり作られているメンズライクなジャケットやシャツなどは、避けたほうがベター。無理に肩幅や袖まわりがきつい服を着ると、パツパツしてより太って見えるのです。また、ぴったりしたニットなども、袖まわりが伸びて肩や腕がつっぱった感じになり、腕の太さが目立ってしまうことも……。

二の腕が気になるぽっちゃりさんに絶対に似合うのは、肩や二の腕の丸みに合わせた、ショルダーラインがなだらかなアイテム。肩から二の腕まわりのお肉をほどよくカバーしてくれるうえに、やわらかならラインで女性らしさもキープできるのです。

ひとつ覚えておいてほしいのは、肩幅や二の腕はゆったりと隠す分、逆に肘下や手首などはあえて出すこと。これを心がけるだけでも、着こなしのバランスがよくなってスタイルUPできるようになります!

ここに注意

△ 肩や袖の生地が堅い服

△ ぴったりしたニット

これでスタイルUP

◎ ドルマンスリーブ

◎ 肘下は出す

NG

“肩のお肉が袖に響いてパツパツに見える”

[NG]

“袖や肩がきつい服は避けるべき！”

肩や袖がぴったりする薄手のニットやカーディガンなどのアイテムは、きつくなってしまいがち。

袖が細く作られていて、伸縮性があり、肩や腕の形に合わせて伸びるニットのようなアイテムは、二の腕や肩が気になる人にはおすすめできません……。無理に腕を通すと、肩まわりにパツパツ感が出て、上半身全体が太って見えてしまいます。

OK

“脇に余裕のあるドルマンスリーブは救世主に！”

POINT

“ぽっちゃり腕を自然とカバーできる”

脇のラインがなだらかになっているドルマンスリーブは、お肉がついた腕をカバーします。

肩から袖にかけて丸いシルエットで、脇にもたっぷりとゆとりのあるドルマンスリーブ。気になる二の腕をしっかりカバーできるうえに、腕の動きを邪魔せず着心地も抜群。ただ、身幅が出る分、丈は長すぎないものをチョイスするのが正解です。

Body part 4

気になるパーツ4 肩 » 二の腕

「ドロップショルダーは強い味方」

手持ちの服の肩のラインを見てみてください。基本的には、肩幅のところに肩と袖の切り替えの線があるはずです。でも、その肩のラインが窮屈に見える原因かも……。ぽっちゃりさんの丸みのある肩のラインに自然になじむのは“ドロップショルダー”のアイテム。文字通り、「肩が落ちた」デザインになっています。

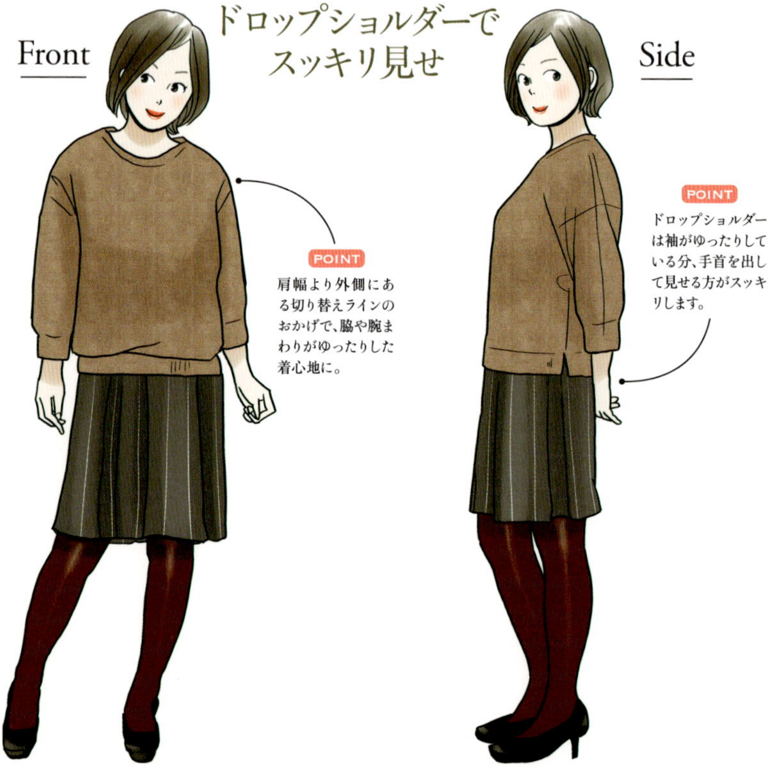
ドロップショルダーで
スッキリ見せ
Front
Side
POINT
肩幅より外側にある切り替えラインのおかげで、脇や腕まわりがゆったりした着心地に。
POINT
ドロップショルダーは袖がゆったりしている分、手首を出して見せる方がスッキリします。

“丸みのあるショルダーラインでパツパツしない！”

なだらかなドロップショルダーは女性らしい丸みのある肩から二の腕のラインにほどよくフィット。肩や袖に余裕があると、動きもよくなります。

“袖に余裕があるから服の引きつりを防いでくれる”

肩に丸みのあるシルエットのおかげで、背中側の生地が引っ張られることもないのが◎。脇や背中まで含めて、上半身にほどよいゆとりが生まれます。

「さらに袖で工夫して!」

左ページのドロップショルダーと同様に、袖に工夫がある服は二の腕をスッキリ見せる効果があります。たとえばふんわりと落ち感があるフリルスリーブや、細い肘下は見せる五分袖のデザインは着やせにつながります！

フリルスリーブ

POINT

フリルがおしゃれで、袖にとろみと落ち感があるデザインは、肩や二の腕を自然にカバー。

“落ち感のある袖が肩をきれいに見せる”

さらりと流れるようなフリルで、肩や二の腕のシルエットを自然に覆ってくれるフリルスリーブ。腕の動きになじんで肩のフリルがゆれるのもエレガント。

五分袖

POINT

肘までの長さの五分袖。二の腕に比べれば格段に細い肘下はあえて見せることで抜け感が。

“二の腕は隠して肘下は見せるべき！”

手首までゆったりした袖で覆ってしまうと重く見えてしまうので、気になる二の腕だけをカバーするのが正解。五分袖なら肘下の細い部分は出るので◎。

「素材の選び方も大事」

メンズライクなジャケットのような堅い素材は、肩や二の腕には窮屈。シフォンやサテンのような落ち感のある素材のアイテムを選んで。

落ち感アウター

POINT

肩のラインにさらっとなじみ、自然にドレープが生まれるとろみ素材。大人っぽさも素敵！

“とろみがあってドレープができるアウターが味方に”

肩や二の腕をやさしくカバーする、とろみのある素材のアウター。光沢やドレープができて、二の腕の太さから視線を散らしてくれるのもポイント。

Body part 5

〈 気になるパーツ5 〉

上半身が大きく見えがちに

胸

Bust

女性らしさの象徴のような大きな胸。それが悩みだというのはなんだか贅沢なようですが、胸が大きいせいで太って見えがちだと悩んでいる女性は、実際に多いのです。確かに、大きな胸に引きずられて上半身全体が太って見えてしまいがち。ゆったりした服で隠そうとすればするほど、太って見えてしまうという悪循環にも陥ってしまいます。

とにかく一番避けたいのは、胸の大きさがそのほかの部分にまで影響してしまうこと。たとえば、ゆったりした長いトップスを着るとウエストまわりまで太く見えてしまいます。

そんな大胸さんたちに一番おすすめしたいのが、Vラインに深くえりぐりが開いているデザインのもの。首とデコルテの細い部分をしっかり見せることで、胸のボリュームが上半身全体に伝わるのを防いでくれます。また、バストはゆったりしていてもウエストはすぼまっているトップスなら着やせできるはずです。

セクシーに胸の谷間をのぞかせるコーディネイトもとても素敵なのでおすすめしたいのですが、日本の女性はあまり好まないのが残念！ほどよく隠すぐらいがちょうどいいのかもしれません。

ここに注意

△ 首の詰まったトップス
△ ゆったりすぎるトップス

これでスタイルUP

◎ Vネックトップス
◎ ドレープのあるトップス

NG

“首まで詰まった
トップスだと
上半身が太見え”

［NG］
“胸の大きさで
太って見える！”

胸を隠したいあまり、首まで詰まったデザインのトップスを着ると、首まわりまでパツパツに。

上半身をゆったりトップスですべて隠してしまうと、胸の大きさに引きずられて上半身全体が太って見えてしまいがち。逆にニットのようなフィットするトップスを着ると、胸の形があらわになってしまいます……。

OK

“カシュクールの
ブラウスで
上半身着やせ”

POINT
“首元の深いVで
デコルテはスッキリ”

大きな胸でも自然に着やせできるのが、深めのVネック。首元がスッキリすると細見え！

深めのVラインが首とデコルテをきれいに見せ、胸もほどよくカバーしてくれるカシュクールブラウス。やわらかいシフォン素材でゆったりと胸をカバーすれば、太って見えず、胸の大きさも悪目立ちしません！

Body part 5

気になるパーツ5 胸

「幅のある服でパツパツ感を防止」

胸は女性の体の中で一番立体感がある場所。胸が大きいということは、服の前後の幅が必要なのです。だから、バストに身幅のある服を選ぶのが着やせに有効です。たとえば、服の脇の部分にしっかりと余裕があるドルマンスリーブは、胸の大きさカバーにぴったり。裾がすぼまっていれば、よりスッキリ！

幅広トップス

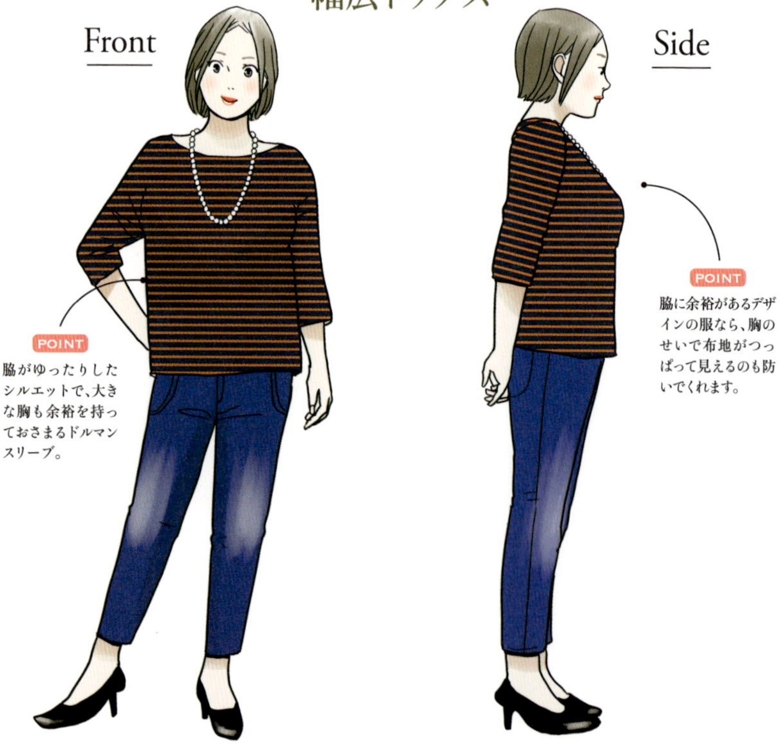
Front
POINT
脇がゆったりしたシルエットで、大きな胸も余裕を持っておさまるドルマンスリーブ。
Side
POINT
脇に余裕があるデザインの服なら、胸のせいで布地がつっぱって見えるのも防いでくれます。

“脇にゆとりがあると胸もスッキリ目立たない”

ドルマンスリーブは脇の部分に生地の余裕があるので、胸の大きさも目立たせないシルエット。裾に向かって細くなるシルエットでウエストは細く見えます。

“身幅のある服なら胸のせいで窮屈にもならない”

ドルマンスリーブのように身幅に余裕のある服なら、横から見たボディシルエットもきれいに。胸の大きさも自然にカバーしてくれてスッキリするはず！

「大きい襟が胸の大きさをカバー」

深めのVネックに開いた大きな襟なら、首元に大きなアクセントを作ってくれて胸のボリューム感を目立たなくしてくれます。

ビッグえりコート

POINT

大きめの襟のコートで、ボタンを多めに開けるのがポイント。首が詰まっているのはNG。

“襟とウエストで着やせできるコート”

襟が大きく、ウエストはゴムで絞っているようなデザインのコートは、胸の大きさを目立たせないのに、女性らしいボディのメリハリは出してくれる効果が。

ビッグパーカ

POINT

パーカのフードも大きな襟と同じ効果が。ファスナーを全部閉めると太って見えるので注意！

“ゆったりパーカを開き目に着るのが◎”

胸にフィットしすぎないように、パーカのファスナーを深めに開けるのが正解。大きなフードが首元に自然にアクセントを作り、胸の大きさをごまかします。

「ドレープのあるデザインがベター」

服の生地のゆとりから生まれるドレープ。縦になだらかに流れるラインのおかげで、気になる胸まわりもパツパツせずに自然とカバーできます。

ドレープワンピース

POINT

ドレープのおかげで、ボリュームのある胸にもゆとりが出て、ウエストは細く見えるように。

“胸をカバーしウエストは細見え”

ウエストをゴムで絞っているので、縦にドレープが生まれるワンピース。バストの部分のボリュームで太って見えることもなく、体型をきれいに見せてくれます。

オフショルダートップス

POINT

ドレープで胸から下はゆったりとカバーしながらも、デコルテと肩を見せることで抜け感が。

“肩とデコルテを出して軽やかに見せて”

ボディラインをゆったりやさしくカバーするシフォンなどの素材のドレープトップス。さらにほっそり見せるために、肩を少しのぞかせるデザインが◎。

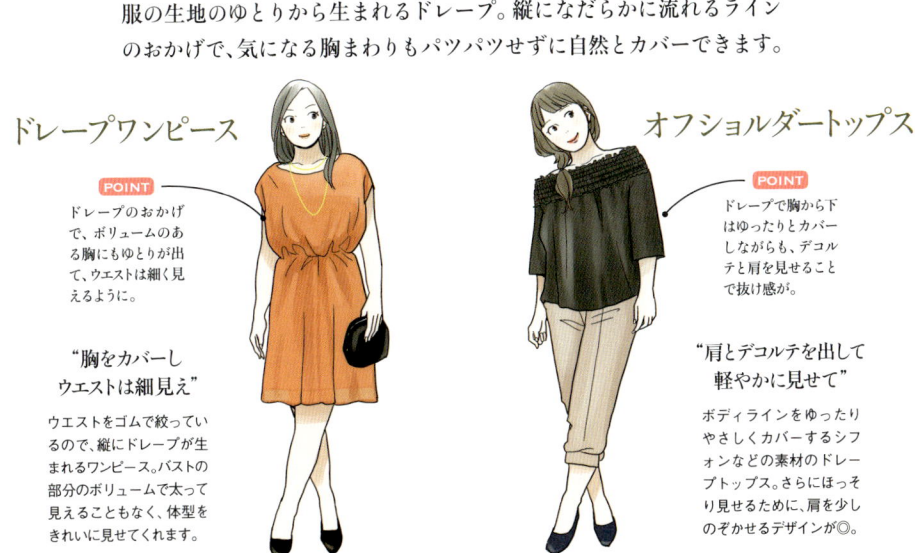

Column 2

豊満なボディをあえて見せる！

海外女性の着こなしに注目！

Hi!
Are you enjoying dressing up?

“カシュクールワンピで
メリハリ強調！”

カシュクールは、ボリュームのある体型のほうが着映えします（やせている人が着ると貧相な印象に……）。胸の下の位置をリボンで絞ることで、メリハリが！

ぽっちゃりと肉付きがよくなってくると、どうしても体型を隠してしまいがちな日本人女性。でも、日本人女性よりも体格のいい欧米の女性たちは、もっと大胆に肌を見せたり、ボディラインを見せたりするファッションをしています。本書では、基本的には日本人女性向きのコーディネイトを提案していますが、実はここで紹介するような海外女性の着こなしもとても素敵！ぜひ参考にして、もっと自分の体型に自信を持って、明るくファッションを楽しんでいただけたらと思います！

1 海外女性はメリハリ上手！

着物のように左右の身頃を合わせて着るカシュクールワンピース。実は、このタイプのワンピースはぽっちゃりさんによく似合うのです！ 胸元が深くVラインに開いていることで、スッキリし、ハイウエストの位置でリボンを結べば、大きな胸が強調されるので、ウエストのくびれがなくても女性らしいメリハリを演出できます。海外の女性は、このように、ぽっちゃり体型でもメリハリを作る着こなしが上手ですね。

HIGH WAIST

"くびれ"は自分であえて作りだすもの"

おなかぽっちゃりでもおしりが大きくても関係ナシ！ ハイウエストの位置にくびれを作れば、ぽっちゃり体型だからこそ、出るところは出たセクシーボディラインに。

2 ハイウエストマークが有効

おなかについたお肉のせいでウエストにくびれがないのを気にしているなら、胸の少し下のハイウエストの位置に、洋服でくびれを作るとスタイルUP！ 腰の位置が高くなるので脚長にも見えて、全身のバランスがよくなります。海外の女性は、このような胸元を出すスタイルが得意。上半身は胸元を出してスッキリ見せてコンパクトにまとめ、下半身はフレアスカートでボリューミィに見せるのも、女性らしいメリハリバランスです。

You have sexual charms!

HIP LINE

3 ヒップラインは出す

胸元を出した上のイラストの着こなしとは逆に、今度はヒップラインを強調したコーディネイト。欧米の女性は、太ももやおしりが大きくても、タイトスカートをはきこなします。むしろ、ウエストから太ももにかけての、やわらかさのある丸いラインこそがセクシー！ 上半身はほどよくふんわりするトップスでカバーすれば、タイトなボトムも下品にならずはきこなせます。

"腰から太ももの丸いラインをアピール"

カーヴィーなボディラインこそが、実は女性らしさの要。それをわかっている海外の女性は、ドレスアップするときこそ、ヒップや太もものラインを見せるファッションをします。

Become a charming lady!

4 マダムになっても ノースリーブを楽しむ

日本の女性たちは、年齢を重ねると肌の露出を避けるようになることが多いですよね。でも、海外の女性はマダムになっても上手に肌見せをしています。

たとえば、左の着こなしのようなノースリーブで腕を見せるスタイル。上品なストレートシルエットのワンピースだからこそ、腕を見せるのが際立ち、エレガントかつセクシーな装いになります。

大人の肌見せは、このようにさりげなく、どこか1カ所で取り入れることがポイント。日本の女性が、過度の露出スタイルをすることは少ないと思うので、逆に、“どこか1カ所は見せる”ことをあえて心がけてみませんか。きっと、コーディネイトが垢抜けて、大人のエレガントスタイルになるはずです。

**“腕見せだけで簡単！
大人のセクシースタイル”**

若い女性とは違う、大人ならではの肌見せを取り入れるのが上手な海外のマダム。縦ラインのワンピースでボディラインは隠し、腕だけを見せるのがポイントです。

5 肩からデコルテを見せる

二の腕や肩のぽっちゃりとしたラインが気になるなら、あえて出すというテクニックも。実は、きつい服を無理に着ているから肩まわりが悪目立ちするのであって、思いきって出してしまうとそれほど気にならないことも多いのです。もちろん、肩からデコルテまで大きく露出するスタイルは、日本人の女性にはマネしにくいのは確か……。でも、デコルテを出す面積が広いとスッキリ見えるので、そこは意識してみてください。

DÉCOLLETÉ

“大胆な肌見せ&ハイウエストマーク”

肩や二の腕のお肉も、あえて全部見せてしまう大胆な着こなし。見せるほうがスッキリするという好例です。ハイウエストにベルトをして重心を上げて見せるのも◎。

ACCESSORIES

“メリハリのある色使いでスッキリ見せ”

トップスの赤に目を引きつけられ、腰の位置も高く見え、美脚度の高まるスタイル。単色でコーディネイトするよりもグッとメリハリが出て、スタイルがよく見えます。

6 色使いやアクセサリーで遊ぶ

モノトーンやネイビーなど落ち着いたカラーでコーディネイトしがちな日本人女性に比べて、海外の女性たちのファッションは、原色を取り入れたり、カラフルに組み合わせたりなど色使いも大胆。ショート丈のトップスを赤で目立たせて、パンツは黒にすれば、ほっそりと美脚&脚長に見えて、コーデのバランスがよくなります。また、ロングネックレスやバングルなどの、存在感のあるアクセサリーも、バランスUPに貢献します！

もっとおしゃれを楽しむために

ぽっちゃりさんの着こなしお悩み Q&A

Q3 着られるサイズがなかなかないのですが、メンズの服を選んでもいいでしょうか?

A3

“女性と男性の体型は根本から違います！”

女性の既製服が入らなくなってしまったときに、より大きな男性のサイズを選ぼうかなと思ってしまうこともありますよね。でも、筋肉や脂肪のつき方も男性と女性では大違い。男性のサイズの服を着ると、体の形にフィットしないので、よけいに太って見えてしまいます。

着やせしたいなら、女性の脂肪をたくわえやすい場所を上手に隠せる、女性用の服を選ばないといけません。もし既製のサイズで体に合うものがなかなか見つからないなら、P104〜107で紹介しているような、特別に大きなサイズが充実しているショップやブランドに行ってみて。女性らしさがあって、着心地もいい服が見つかるはずです！

Fashion Rules for Plump Ladies

Chapter 3

ぽっちゃりさんに
似合う服

体型が気になっていると、隠すことを重視するあまり、
つい、ゆったりデザインばかりを選んでしまう
という人も多いのではないでしょうか。
でも体型に合う服が見つかれば、着やせは可能です。
この章では、そんな着やせできる服選びの基本と
上手な着こなし方のポイントをレクチャーします。
ワンピースやアウターから、スカート、アクセなどの小物まで
上手にセレクトできるようになりましょう。

Clothes looking nice on plump ladies

体型に合った服で着やせする！
ぽっちゃりさんの服選びの基本

せっかくアイテムを選ぶなら、着やせできるポイントを押さえることが大切。ここではまず、知っておきたい服選びの基本と、具体的なセレクトポイントをご紹介。すべてのアイテムに共通するコツなので、服を選ぶときはぜひ参考にして取り入れてみてください。

服選びで失敗しがちなこと

「とにかくピチピチはイヤ!」とばかりに、つい大きめを選んでしまいがち。ただ、ゆったりアイテムばかりでコーディネイトすると、余計に膨張して見えてしまいます。着やせを狙うならフィット&フレアなシルエットやほどよくフィットするドレープデザインのアイテムを取り入れて。丸首やハイネックは面積が大きく見えるので、できるだけ避けたほうが無難です。また、ビッグシルエットのトップスなら、コンパクトなボトムにしてバランスをとるようにしましょう。

素材も、厚手すぎると太って見えるのは間違いではありませんが、薄手すぎても肉感が出やすいのでNG。トップスやワンピースなら落ち感で縦ラインを演出してくれるとろみ素材がベター。ボトムなら、肉感が出にくいハリのある素材やほどよく厚手な生地もおすすめです。

こういうアイテムを選ぶべき！

01 ニットやシャツのネックラインは「V」

首が詰まった丸首デザインやハイネックは、丸みを強調するので避けたいもの。デコルテや首、顔まわりをスッキリ華奢に見せるなら、ネックラインは「V」が正解！ 身頃がゆったりしたデザインでも深いVネックなら縦ラインも作りやすく、ストールやスカーフでさらにアレンジすることも可能です。

02 ドレープが生まれるデザインと素材

ボディにつかず離れずの立体感をもたらすことで、肉感をカバーしてくれるのがドレープ。すとんとした落ち感でドレープを作るとろみ素材や、タックの入ったデザインは着やせの強い味方になってくれること間違いなし！ 同じ理由でドルマンスリーブやドロップショルダーもおすすめ。

03 縦ラインを作るシルエットを重視

全身を細く見せてくれる縦のラインを作ってくれるシルエットも大事。アイテム自体のシルエットはもちろん、カーディガンのボタンやジャケットのトリミング、ストンとした落ち感のある素材も縦ラインを演出してくれます。またロングネックレスなども縦感演出に欠かせません。

04 カラーや素材での切り替えデザイン

チュニックやワンピース、ロングネックレスなど面積が大きいものは、すべて無地だとのっぺりした印象になり、余計に大きく見えてしまいます。そこで素材やカラーでの切り替えデザインを選ぶと平面的にならず、コンパクトな印象に。柄ものも同様の効果がありますが、大柄だけは避けて。

One-piece

素材とデザイン重視で
シルエットにメリハリを

1

2

Point

落ち感とふんわりのあるシフォン素材は体型カバーにぴったり。

Point

ウエストのタック&ゴムが“くびれ”を作ってメリハリ度UP!

3

Point

切り替えがあるデザインは、面積を少なく見せてくれるのが魅力。

1.ゆるシフォンワンピース

“女性らしさを出しつつ ふわっと体型カバー”

薄くやわらかいシフォン素材は、ふんわりとしたシルエットを作ってくれるので体型カバーにぴったり。女性らしいフェミニンな雰囲気が、ぽっちゃりさんを大人可愛く見せてくれます。柄物でさらに立体的な印象に。

2.タック入りワンピース

“タックの立体感で 気になる部分を細見せ”

タックやドレープは、その立体感で、ぽってり二の腕やぽっこりおなかをスッキリ見せる効果が。ウエストがシェイプされているデザインなら、憧れの“くびれ”も簡単に！ ハリのない、しっとり落ち感のある素材がベター。

3.切り替えワンピース

“色と素材の切り替えで 単調に見せない”

ワンピースは面積が広いアイテムなので、単色のものを着るとのっぺり見えてしまいがち。その点、切り替えワンピースなら色と素材でメリハリが出せて、体もスッキリ着やせして見えるように。プリーツになったスカート部分もおしりカバーに◎。

スタイルよく見せるワンピースの着こなし例

面積が大きいワンピースは、平面的でのっぺりしないよう注意。
ボリューム感のあるロングネックレスなどで、ひと工夫を。

タック入りワンピース

Point 1

ウエストタックで“くびれ”を演出

タックやゴムでウエストを絞るデザインは、“くびれ”を作ってメリハリボディを演出してくれます。視覚効果でぽっこりおなかもカバー。

Point 2

ドルマンスリーブで腕ほっそり

タックのドレープとドルマンスリーブが、腕の面積をさりげなくカバー。たくましい二の腕をほっそり華奢に見せてくれます。

One-piece style

01

“ボリュームネックレスで視線を上に集めて”

上半身はボリュームデザインで二の腕までをカバー、下半身はドレープ&タイト気味のシルエットでメリハリを。さらにボリュームのある二連ネックレスで視線を上に集めれば、重心も上がるので軽やかさが生まれます。

good dressing for plump ladies

One-piece style
02

“ふんわりワンピには キラキラネックレスを”

1枚でも大人可愛いワンピは、キラキラの華奢ネックレスならさりげないアクセントに。冬ならファーティペットをプラスしてもステキ♥ 足元は同系の濃色タイツで靴とつなげれば、スッキリ縦ラインを演出できます。

ゆるシフォンワンピース

Point
袖丈は必ず手首が見えるものを。細い部分は「出す」が基本。

Point
ウエストはゴム入りを選んで必ずウエストシェイプを。

切り替えワンピース

Point
こちらも手首が見える丈に。幅広気味ならよりほっそり♪

Point
プリーツ幅は少し細めを。ほどよく広がって下半身をカバー。

One-piece style
03

“ロングネックレスで 縦のラインを作って”

1枚でコーデが完成するモノトーンの切り替えワンピには、色の映えるロングネックレスがおすすめ。視線を集めて縦ラインを演出してくれます。軽やか素材の柄ストールでも◎。とろみのある素材で、肉感が出にくいのもポイントです。

Tunic & Blouse

Point 1

フロントタックでメリハリ感を

大きめのフロントタックがドレープを作るので、体型を自然にカバーしてくれます。Vネックで顔まわり&デコルテもスッキリ。

Point 2

タック入りで背中もスッキリ

背中もタック入りなら、バックスタイルまで着やせ効果が。フィット&フレアなデザインが肉感を出にくくしてくれます。

“タック入りデザインでエレガントに細見せ”

チュニック=カジュアルになりがちですが、タック入りのとろみ素材ならほどよいドレープが女性らしさを演出してくれます。選ぶなら、フロントタック入りの濃色がおすすめ。さらにVネックなら顔まわり&デコルテもスッキリ。

[チュニックの絶対条件]

- 首元はVネック
- 引き締め効果のある濃い色
- タック入りのとろみ素材

しなやかなとろみ素材で 女性らしさも着やせも

Point 1

フィット&フレアで 腕も細見せ

パフスリーブは肩まわりも腕もカバーしてくれる優秀デザイン。選ぶときはフィット&フレアなデザインなどディテールにもこだわって。

Point 2

シフォンプリーツで 賢く隠す

裾からのぞくシフォンプリーツが、おなかや腰まわりをさりげなくカバー。細ボトムと合わせることで着やせを狙えます。

“フィット&フレアで おなかまわりを上手にカバー”

おすすめはレイヤード風のシフォンブラウス。身頃からのぞくシフォンプリーツが、おなかまわりをさりげなく隠してくれます。身頃や袖など全体がフィット&フレアなデザインだと、それだけでメリハリ感があるので着やせも簡単♪

[ブラウスの絶対条件]

- レイヤード風デザイン
- やわらかなシフォン素材
- フィット&フレアな袖

スタイルよく見せるチュニックの着こなし例

面積の広いチュニックには、細身パンツを合わせるのが鉄則。
全身が重たく見えないよう、ボトムは別色にしてスッキリまとめて。

チュニック

Point
短めのネックレスでアクセントをつけ、重心を上げて。
Point
パンツは細身を選んでメリハリを。トップスとは違う色が正解。

Tunic style 01

“ふんわり＆タイトでカバーしながら細見せ”

大人なチュニックスタイルを目指すなら、モノトーンでまとめると洗練された印象に。トップスに対して違う色のボトムを選ぶことで、コーデにメリハリがつきます。短めネックレスで視線を上に集めつつ、細身パンツを合わせてメリハリのある縦ラインを作りましょう。

NG

“ブカブカのボトムだと体全体が大きく”

チュニックはトップスの面積が大きいので、ボトムは細身の七分丈を選ぶのが鉄則！ 太めのフルレングスパンツを合わせると、トップスとあいまって体全体にボリューム感が出てしまいます。

スタイルよく見せるブラウスの着こなし例

フィット＆フレアなシルエットがきれいなシフォンブラウスは
パンツと合わせれば着やせ効果抜群。アクセは小ぶりなものを。

ブラウス

Blouse style 02

“丈短めのパンツで 全身を軽やかな印象に”

おなかまわりをカバーするデザインブラウスは、パンツと合わせてシルエットにメリハリ感を作ります。このときパンツは足首が出る丈にすると重たくならず、軽やかな抜け感が。全身スッキリ洗練された雰囲気にまとまります。

Point

シフォンプリーツは長すぎず短すぎずの丈がちょうどいい。

Point

ボトムのパンツは、足首の見える丈で抜け感を出しましょう。

“ボトムもフレアだと ボリューミィに”

レイヤードブラウスにフレアスカートを合わせると、カバーするどころか着膨れの原因に。スカートを合わせたいなら、引き締め効果のある濃色のタイトシルエットにしましょう。

Shirt デコルテを見せるネックラインが決め手

Point

肩幅や袖まわりに余裕があるかどうかを必ずチェック。

カシュクールシャツ

“ふんわり着られておなかまわりもカバー”

カジュアルなチェック柄シャツはカシュクールデザインだと、おなかやウエストをカバーししつつ、子どもっぽくならずに着こなせます。袖をロールアップして抜け感を出したいので、肩や袖にゆとりがあるサイズを選ぶのがベター。

Point

2WAYデザインを選べばコーディネイトの幅も広がって◎。

スキッパーシャツ

“首元のVラインがシャープな印象を演出”

スキッパーシャツは、襟が首をカバーしながら、Vのネックラインでデコルテをスッキリ見せてくれるぽっちゃりさんのマストアイテム。胸元のボタンがタック&ドレープを作るので、ボディにほどよいゆとりを作ってくれます。

Point

胸ボタンで生まれるタックが、ほどよいゆとり感を演出。

Point

腰骨ぐらいまでの丈を選ぶとコーディネイトしやすくて◎。

スタイルよく見せるシャツの着こなし例

ほどよいシャープ感で丸みをカバーしてくれるシャツは、
カジュアルなスカートやゆとりのあるストレートデニムとのコーデもOK!

Point 1

**Vネックラインで
スッキリ**

スキッパーシャツのVネックは細見せ効果大! ネックレスで視線を集め、スッキリデコルテをアピールしましょう。

Point 2

**背中タックで
うしろも細見せ**

背中がピチピチだとむっちり感が出てしまいます。背中のタック&切り替えがあれば、ゆとりが生まれるので問題も解消。

Shirt style 01

“腰骨丈のスキッパーなら ゆとりデニムとも相性◎”

長すぎない丈なら、ストレートデニムと合わせても重たくなりません。さらなる着やせを目指すなら、ネックレスで重心を上げ、シャツの袖とデニムの裾はロールアップ。手首&足首など細い部分をしっかり見せてあげましょう。

good dressing for plump ladies

Shirt style 02

“抜け感があるのでボリュームボトムも可”

カシュクールシャツとして着るときは、スカートやガウチョパンツなどボリュームのあるボトムでもバランスよくまとまります。中に着るインナーやボトムは軽やかな色にすると重くならず、スッキリした印象に。

カシュクールシャツ ×ガウチョパンツ

Point
合わせるパンツやインナーは明るい色を選ぶと軽やかに。

カシュクールシャツ ×スカート

Point
普通のシャツとして着るときは膝丈スカートがグッドバランス。

Shirt style 03

“ボタンを留めるときは膝丈でバランスよく”

ボタンを留めて普通のシャツをして着るときは重たくならないよう、スカートは膝丈くらいで、柄の中にある色を選ぶのがベスト。ロングネックレスをプラスすれば、重心が上がるので重たい印象になりません。

Knit とろみのある素材でゆったりデザインを

Point 1

Vネックニット

Point 2

“Vネックのとろみニットで”

着やせを狙うなら、ニットは落ち感のあるとろみ素材を。その上でフィットしすぎないデザインを選べば、“ゆったりなのに見た目はスッキリ”が可能に。大きければ大きいほどいいわけではないので、サイズ選びは慎重に!

［ Vネックニットの絶対条件 ］

- とろみのある素材
- 深めのVネック
- ドルマンスリーブ

Point 1

深めVネックで首ほっそり

顔まわりをほっそり華奢に見せたいなら、深めのVネックがマスト。ネックレスやストールでのアレンジもしやすくておすすめです。

Point 2

長めのリブ袖が抜け感を

リブが長めのドルマンスリーブなら、袖をたくし上げて、二の腕を細く見せつつ、腕全体を長く細く見せることもできます。

“落ち感のある ロングニットが◎”

ロングニットは、おなかまわりや腰、ヒップまでをまとめてカバーしてくれる強い味方。ドルマンスリーブなら、肩や二の腕がぴっちりすることもありません。ほどよくフィットするとろみ素材なら、着やせ効果もさらにアップ！

ロングニット

Point 1

Point 2

[ロングニットの絶対条件]

- 七分丈のドルマン
- とろみのある素材
- ほどよいゆとり

Point 1 七分袖なら肩も腕もカバー

七分袖のドルマンスリーブなら、ロングニットも重たく見えません。もちろん、肩まわりや二の腕をカバーする効果も絶大！

Point 2 フィットする裾でバランスよく

裾はリブでほどよくフィットするデザインがおすすめ。ブラウジングしてベストな丈に調節し、グッドバランスをキープできます。

スタイルよく見せるニットの着こなし例

着やせニットを選べば、パンツも膝丈スカートもOK。ネックレスなどのアクセをプラスしたり、手首見せなどのひと工夫もお忘れなく。

Knit style 01

“パンツなら細身シルエットを”

ゆったりシルエットなのでパンツは細身をチョイス。ニットの色とトーンを合わせた柄ものなら、のっぺり地味にならず、軽やかさもオシャレ度もUPします。パールのネックレスで上品な華やかもプラス。

Vネックニット ×パンツ

Point
パンツは細身がおすすめ。柄ものなら軽やかな印象に。

Vネックニット ×スカート

Point
柄シャツをウエストに巻いて、重心上げ&メリハリ感を。

Knit style 02

“スカートならシャツをプラス”

スカートと合わせるときは、シャツをウエストに巻くとメリハリ感が生まれます。少し高めの位置で巻けば脚長効果も。さらに袖を少したくし上げて手首を見せれば抜け感も出て、腕まわりもスッキリ。グッドバランスな着こなしに。

good dressing for plump ladies

Knit style

03

“明るめニットを黒ボトムスで引き締め”

ロングニットにボリュームがあるので、ボトムスはブラックスキニーで引き締めるのがベター。ニットは身頃も袖もぴたっと下ろすのではなく、ブラウジングしてバランスを取ると抜け感が生まれ、グンと細く見えるはず。

ロングニット
Point
ロングネックレスで縦ラインを強調。これだけで違います。
Point
ボトムスは引き締め効果の高いブラックスキニーがベスト!

NG

“ロングスカートは着膨れ&脚短に見えて損”

ロングニット×ロングスカートは、どんなグッドバランス体型の人でも着こなしが難しいもの。太って見えるだけでなく、重心が低くなり、脚まで短く見えてしまいます。

Skirt 自然に広がるフレアなシルエットが基本

Point
しっかり入ったタックが立体感を出しつつ、縦ラインを強調。

タック入りスカート

“タックの立体感で腰もおしりもカバー”

タック入りで生まれる立体感が縦ラインを強調しつつ、フレアなシルエットを形成。ほどよく広がって脚をほっそりと見せてくれます。ハリのあるしっかり素材なら、おしりや腰の肉感もカバーできるので◎。

プリーツスカート

“プリーツスカートは
やわらかなシフォンを”

プリーツはすべて広がってしまうと不要なボリューム感が出るので、ほどよく広がるやわらかなシフォン素材がベター。透け感で軽やかさを出しつつ、やわらかな質感で腰やおしりを包み込んでボリュームダウンしてくれます。

Point

プリーツで自然な幅を出し、シフォン素材が体をやわらかく包んでカバー。

スタイルよく見せるスカートの着こなし例

フレアなシルエットのスカートコーデは、メリハリ感が重要。
おなかまわりをカバーしつつ、スタイルアップできる着こなしをご紹介します。

Skirt style 01

“腰巻きシャツで カジュアル感をプラス”

カジュアルなニットに合わせ、シャツを腰に巻いて。おしりまわりをカバーしつつ、ウエストマークでメリハリ感も出ます。ニットの袖をブラウジングして、手首見せで抜け感も。

プリーツスカート × ニット

Point
シャツを腰巻きしておしりまわりをカバー。カジュアル感も。

Skirt style 02

“シャツをアウトして おなかも腰もカバー”

膝丈までのスカートで使えるコーディネイト。シャツを出して気になる部分をカバー。のっぺりしないよう、シャツは光沢感のあるデザインを選ぶのがポイントです。

プリーツスカート × ジャケット

Point
切り替えワンピのイメージで、裾からシフォンプリーツを見せて。

good dressing for plump ladies

Skirt style 03

“淡い色のボトムには濃色の柄シャツを”

濃色のチェック柄シャツを合わせ、淡い色のスカートスタイルを引き締め。ボウタイデザインを選べばさらにスタイルUPが狙えます。シャツの袖はロールアップして手首見せを。

タック入りスカート × ブラウス

Point

ボウタイも視線を上に集める効果が。重心上げにも効果的です。

Skirt style 04

“ジャケットをプラスできちんと感のある印象に”

きちんと感のある厚手ジャケットを合わせれば縦ラインが演出できるので、淡色でまとめても着膨れして見えません。シフォンブラウスをインに着れば、おなかまわりもしっかりカバー。

タック入りスカート × ジャケット

Point

ジャケットはウエスト丈にすれば、きちんと感＆脚長さんに。

Pants カラーだけじゃなく シルエットにこだわって

テーパードパンツ

Point 1

ウエストゴムで ラクをして

ウエストはゴムだとはき心地も◎。タック入りなら自然と、おしりや太ももにほどよい余裕が生まれるので細見せしやすい。

Point 2

裾が細くなる シルエットが◎

太ももはゆるく、裾に向かって細くなっていくシルエットが脚を細く見せてくれます。足首が見える丈なら、抜け感と脚長効果も。

“ウエストはタック入り 裾はほっそりをセレクト”

ヒップや太ももはタック入りでゆったり、裾へ向かって細くなっていくデザインのクロップトパンツがおすすめ。ダークなチェック柄なら引き締め効果も大! ウエストゴムならおなかやウエストを圧迫せず、心地よくはけます。

[テーパードパンツの絶対条件]

- ウエストはタック入り
- 裾は細めのデザイン
- 足首が見える丈

Point 1

ウエストはゴムで ゆったり

トップスはアウトで着ることを前提に、ウエストはゴム入りがセオリー。またストレッチ素材なら脚やおなかが圧迫されず、はき心地も快適♪

Point 1

足首が見える 丈がベター

裾は足首が見えるくらいの丈にするのがベター。コーディネイトしやすく、細い足首を見せればスタイルアップして見えること間違いなし。

“引き締め効果の高い インディゴカラーが正解”

スキニーパンツは大きめトップスやロングトップスと相性抜群なだけに1本は欲しいアイテム。ストレッチ素材やウエストゴムのタイプを選べばはき心地も◎。濃色のインディゴカラーなら着回しやすく、引き締まって見えます。

［ スキニーパンツの絶対条件 ］

- 濃色のインディゴカラー
- ウエストはゴム
- 足首が見える丈

スタイルよく見せるパンツの着こなし例

ゆるめパンツとタイトなパンツでは、トップスとの合わせ方も当然変わってくるもの。
メリハリ感を出すグッドバランスコーデはぜひ参考にして。

テーパードパンツ

Point
しっかりしたハリ素材のジャケットで、肉感をカバーしてタイトに。

Point
ゆるめパンツはダークカラーで引き締め、メリハリ感を出して。

Pants style 01

“かっちりジャケットで上半身をタイトに”

パンツがゆるめのシルエットなので、上半身はしっかりとした生地のジャケットでシャープにまとめると細く見えます。腰骨丈にすればウエストをカバーしつつ、グッドバランスに。ジャケットスタイルも袖ロールアップが基本。

“やわらかトップスは着膨れする可能性大”

ゆるめパンツにふんわりしたロングカーディガンなどのやわらかトップスを合わせてしまうと、丸みを強調するため着膨れの原因に。ロング丈もバランスが悪く見えるのでNG。

good dressing for plump ladies

Pants style

02

“ロングニットに小物で縦ラインをアピール”

タイトなスキニーパンツはバランスが取りやすいアイテム。体型カバーにぴったりなロングニットとも相性抜群です。さらにロングネックレスとストールで縦ラインを強調すれば、パーフェクトな着やせコーデが完成！

“ハイネックのぴたぴたニットは×”

タイトなスキニーに合わせ、ニットもフィットするシルエットにしてしまうと何だかピチピチな印象に。また丸首やハイネックも、上半身の面積が増えて見えるので避けましょう。

スキニーパンツ

Point

Vネックのロングニットで、気になるヒップまでカバー。

Point

ロングネックレスとストールで縦ラインをしっかり作って。

Jacket ハリのあるしっかり素材で縦ラインが出るデザインを

テーラードジャケット

“ダークカラーのダブルボタンで身頃もほっそり”

テーラードジャケットは、ネイビーやブラックなどの引き締めカラーが着回しやすく、着やせ力もやっぱり高め。腰骨が隠れる程度の少し長め丈なら、ウエストや腰もカバーできるうえ、コーディネイトもしやすくておすすめです。さらに、身頃をほっそり見せたいならダブルボタンのデザインを選べば完璧！

［テーラードジャケットの絶対条件］

- カラーは黒か紺
- 腰骨が隠れる丈
- 同系色のダブルボタン

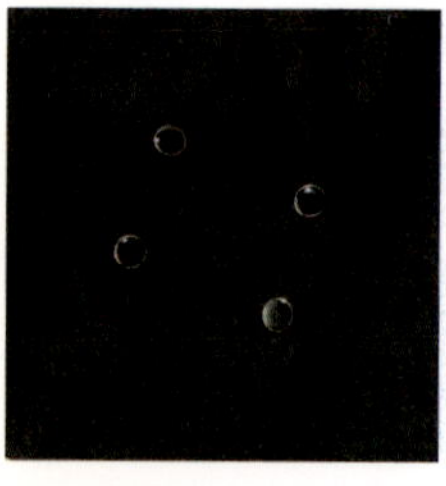

Point 1

“ダブルボタンで縦ラインを”

少し大きめのダブルボタンは、留めて着れば縦ラインを強調でき、開けて着るときは身頃をほっそり見せることができるスグレモノ。

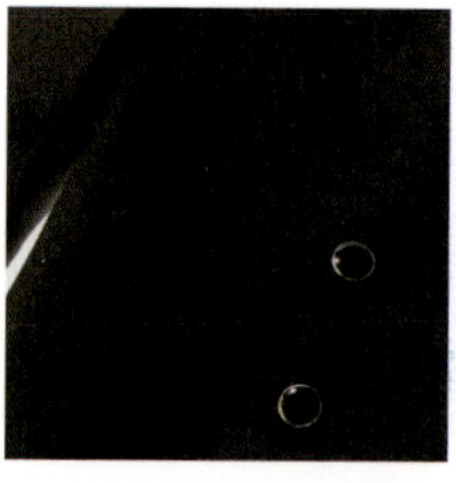

Point 2

“ハリのある生地で着やせ”

しっかり素材のハリのあるジャケットなら、肉感が出ず、おなかや腰まわりもスッキリカバーできるのがポイント。

ノーカラージャケット

“ノーカラーは パイピングで 縦ラインを演出”

活躍度の高いツイードのノーカラージャケットは、ダークカラーが基本。さらにパイピングが効いたデザインならメリハリがつけやすく、縦ラインも演出できます。厚手素材であることも多いので、ジャストかショート丈で面積を少なめにすると着やせしやすく、脚長効果も狙えて一石二鳥。

［ノーカラージャケットの絶対条件］

- ダークカラー
- パイピングデザイン
- ジャストかショート丈

Point 1

“パイピングでシャープ感を”

パイピングは丸みのある体型にシャープな印象をプラスしてくれる優秀デザイン。同系色はもちろん、アクセントカラーでもOK。

Point 2

“ツイードの厚手素材が◎”

織りがしっかりしたツイードの生地は、体型が響きにくく、身幅をおさえてくれます。きちんと感もあって◎。

スタイルよく見せるジャケット着こなし例

シャープな印象で着やせをサポートしてくれるジャケットを、
カジュアルからエレガントまで、いろいろなバリエでコーディネイトしてみました。

Jacket style 01

“フレアスカートで腰まわりをカバー”

フレアスカートを合わせ、腰やおしりをカバー。ジャケットがあれば、縦ラインもお手のもの。さらにシャツの袖と一緒にロールアップすれば、こなれた雰囲気も演出できます。

テーラードジャケット ×スカート

Point
シャツとジャケットの袖を一緒にロールアップして手首見せ。

Jacket style 02

“パンツと合わせてスッキリシャープに”

脚をほっそり見せてくれるセンタープレスパンツと合わせ、通勤もOKなスタイルに。さらに差し色のニットを肩掛けすればメリハリも生まれ、グッドバランスに。

テーラードジャケット ×パンツ

Point
差し色のニットで縦ラインをさらに強調すれば着やせ効果も大。

good dressing for plump ladies

Jacket style 03

“ワンピに羽織って縦ラインを演出”

シンプルなワンピースに羽織るだけで、縦ラインが生まれてほっそり華奢な雰囲気に。袖をたくしあげて手首をアピールしつつ、ネックレスで重心を上げればさらにスタイルアップ！

ノーカラージャケット ×ワンピース

Point
ジャケットはそのまま羽織らず、袖をたくしあげて手首見せを。

Jacket style 04

“足首見せパンツで脚長スタイルに”

ショート丈のジャケットなら、ストレートなシルエットのパンツとも好相性。ジャケットのパイピングデザインのおかげで、脚もスラリと長く見えて◎。インナーは明るめ色を。

ノーカラージャケット ×パンツ

Point
デニムパンツもロールアップして足首を見せるのがマスト。

Cardigan カバー力の高いざっくり素材がベター

Point 1 襟付きで縦ラインを演出

身頃までつながる襟が、縦ラインを作ってほっそりボディラインを演出。首から肩にかけてのシルエットもきれいにカバーしてくれます。

Point 2 太めの袖で腕を華奢見せ

太めの袖は二の腕をカバーしつつ、裾から出る手首をよりほっそり華奢に見せてくれる効果も。丈は手首が見えるように調整を。

“丸みのあるシルエットと太めの袖で上半身をカバー”

ほどよい透け感のある軽やかさとゆったりシルエットでカバー力抜群！ 丸みのあるコクーンシルエットはフェミニンなアイテムとも相性よくまとまります。ダークカラーなら引き締め感もあり、着回しやすくておすすめ。

[カーディガンの絶対条件]

- 丸みのあるシルエット
- ざっくりした素材
- 縦ラインを作るデザイン

“ざっくりの素材感と丸いシルエットで可愛く”

ボディの肉感をカバーしてくれるざっくり素材で、裾や袖に向かって細くなる丸いシルエットがおすすめ。ボタンで縦ラインが強調できるデザインも◎。ボリュームが出やすいのでジャスト丈で。

ローゲージカーディガン

Point

“細い裾で体型カバー”

裾と袖が細くなるシルエットは、ゆったり着られるのに細見せできるのが魅力。女性らしい雰囲気も出るのでフェミニンコーデにぴったり。

“縦ラインを作る共ベルト付きが◎”

ロングカーディガンは、腰まわりやおしりをカバーしつつ、羽織るだけで縦ラインを作ってくれるコーディネイトのマストアイテム。共ベルト付きなら、シルエット調整やウエストマークなど着やせのために活用できて便利です。

ロングカーディガン

Point

“共ベルトでメリハリを”

同じ素材の共ベルトはウエストマークしたり、身頃のシルエットを調整することもできるスグレモノ。できればロングカーデは共ベルト付きを。

スタイルよく見せるカーディガン着こなし例

カーディガンの着やせ効果を最大限発揮させるなら、
縦ライン重視のコーディネイトがおすすめ。スッキリほっそりが思いのまま！

コクーンカーディガン

Point
袖が幅広いデザインだと、手首だけでなく腕全体がほっそり。

Point
一番のポイントはウエストマーク！脚長効果も狙えます。

Cardigan style 01

“視覚効果でウエストほっそり”

大きめリボンなどでウエストをマークしたら、カーディガンを羽織るだけ。ワンピの面積が小さくなるので、それだけで着やせして見せることができます。さらにゆったりの袖で、手首を華奢見せ。驚きの細見せ効果が！

“ウエストマークなしだとくびれゼロな印象に”

リボンやベルトでウエストマークをしないと、寸胴&脚短さんに見えてしまって台無し。ゆるめパンツとの相性も今イチなので、パンツを合わせるならタイトシルエットを！

good dressing for plump ladies

Cardigan style 02

“ニット感覚で着るのがおすすめ”

ざっくりのローゲージニットはそれだけでボリューム感があるので、開けて着るよりもボタンを留めて着るのが正解。ボタン&ロングネックレスの効果で縦ラインが強調され、フレアスカートと合わせれば全身カバーも可能に。

ローゲージカーディガン

Point
ボタンとロングネックレスで縦ラインを強調。重心も上がります。

ロングカーディガン

Point
インに着るシャツはロングカーディガンより少し短め丈で。

Cardigan style 03

“細身パンツでスタイルアップ”

丈が長いのでウエストもおしりも隠せる分、ボトムのパンツは細身にしてバランスを取って。抜け感を出すなら足首が見える丈がベターです。シャツの袖と一緒にラフにたくし上げて手首を見せれば、より洗練された雰囲気に。

Coat

Point 1

Point 2

チェスターコート

Point 1

Vネックで首まわりもスッキリ

襟は首や顔まわりをスッキリ見せるVネックがマスト。縦ラインも作りやすく、ストールなど小物でのアレンジもしやすくなります。

Point 2

ハリ素材で縦ラインをキープ

やわらかな素材だとインナー次第でボディラインが目立つことも。留めて着ても開けて着ても縦のシルエットをキープできる素材がベスト。

“ハリのあるしっかり素材で縦のラインをキープ”

体型をスッキリ見せる縦ラインを強調するためには、ハリがあり適度に厚みのあるしっかり素材がベスト。シャープなラインをキープしやすくなります。また、色はコーディネイトを引き締めるダークカラーをセレクトして。

[コートの絶対条件]

- ハリのある素材
- 重くなりすぎない膝上丈
- 袖や襟まわりはゆったり

印象を左右するアウターこそ シルエットにこだわりを

コクーンコート

“丸みのあるシルエットで ボディラインをカバー”

袖が太めのコクーンコートはぽっちゃりさんの強い味方。首まわりや袖、ボディラインがゆったりしたデザインだから、気になる部分を隠してくれます。手首が見える袖丈にし、細い部分を強調するのが着こなしのポイントに。

Point

ゆったり袖で 体型カバー

ゆったりした袖と丸いシルエットが、二の腕やおなかまわりなど気になる部分をまとめてカバー。手足をほっそり見せる効果も。

トレンチコート

“ゆったりシルエットを ベルトで引き締めて”

トレンチコートは、ボディにつかず離れずのゆったりシルエットがベター。肩や二の腕、腰まわりまでもカバーできます。さらに共ベルト付きなら、ウエストを絞ってボディラインにメリハリ感をつけることもできて◎。

Point

共ベルト付きが ベスト

ウエストをマークしたり腰位置を高く見せたり、キュッと絞ってボディラインにメリハリをつけたりとスタイルUPにはベルトが不可欠。

スタイルよく見せるコートの着こなし例

面積が大きく、全体の印象を大きく左右するアウターはシルエットが大事。
縦ラインを意識した、細見せできる着こなしは今すぐ取り入れて。

コクーンコート

Point

ゆったり丸みのあるコートには、細身パンツを合わせるのが正解。

トレンチコート

Point

シャツとコートの袖を一緒にたくし上げ、手首を見せて。

Coat style *01*

“手首見せ&細身パンツで出ているところを細く”

コクーンコートの丸いシルエットが気になる部分を隠してくれるので、手首や脚などコートから出ているところをほっそり見せる工夫をすれば、全身スッキリ細く見えます。

Coat style *02*

“ベルトでウエストを絞りくびれのあるIラインに”

共ベルトを後ろで結び、ボディラインをすっきり見せて縦ラインをアピールしつつ、細身パンツでIラインをキープ。襟でVネックラインを作り、ネックレスで重心を上げるのもコツ。

good dressing for plump ladies

Coart
style

03

“淡色コーディネイトを黒のコートで引き締めて”

明るく淡い色でまとめたコーディネイトも、黒のコートを羽織ればそれだけで着やせ効果が。ボタンを開けて着ることで、縦ラインをしっかり強調することもできます。ポイントはスカート丈。コートの裾ギリギリの丈を合わせれば、バランスよくまとまります。

チェスターコート

Point
袖はロールアップして手首をしっかり見せるのがセオリー。

Point
スカートは、コートの裾から見えるか見えないかくらいの丈で。

NG

“コートより長すぎるスカート丈は野暮ったい印象”

ボリュームのあるスカートや、コート丈より長すぎるスカート丈だとバランスが悪く、太って見える原因に。少し長さが違うだけで印象が大きく変わるので、丈にはこだわりましょう。

ストール

“何かと使えるストールは
明るい柄ものをセレクト”

ストールは、首まわりに立体感を作ったり、縦ラインを作るのに欠かせないアクセサリー。選ぶなら、コーディネイトに華やかさをプラスしてくれる、明るめ色の柄ものがおすすめ。素材は、自然なドレープが生まれやすいとろみ感のあるものを選びましょう。

Accessory

小物使いひとつで
スタイルUP

スカーフ

“長め丈にできる
デザインを選んで”

つるんとした光沢素材はきれいなドレープが出るので、縦ラインを作るのにぴったり。ぽっちゃりさんはできれば避けたい大柄デザインも、スカーフだったらOK。掛けるだけでコーディネイトにインパクトをプラスし、重心を上げてスタイルUPしてくれます。

ロングネックレス

“インパクト大の
ボリュームデザインが◎”

体型カバーに効果的な“視線散らし”に役立つのが、インパクトのあるボリュームネックレス。平面的になりやすいシンプルトップスにプラスして引き締め効果を狙ったり、ロングなら掛けるだけで縦ラインを作ることも可能。着やせコーデに欠かせないアイテムです。

Accessory style 01

“ダークカラーにストールで華やかさを”

ニット×フレアスカートに、ストールとネックレスをプラス。引き締め効果の高いダークカラーでまとめたコーディネイトに、縦感だけでなく華やかさも添えてくれます。

Point
首からさらっと掛けるだけであっという間に縦ラインが。

Point
目線を集めるインパクト大のスカーフは体型カバーに最適。

Accessory style 02

“襟とスカーフで縦ラインをアピール”

ジャケットの襟にスカーフを掛けると、首まわりに立体感が生まれ、縦ラインが強調されてスッキリとしたシャープな雰囲気に。ネックレスもプラスすれば、さらに効果的。

Accessory style 03

“ボリュームトップスにアクセでメリハリ感を”

膨張しがちな淡いカラーのトップスも、ボリュームのあるロングネックレスをプラスするだけでキュッと引き締まった雰囲気に。視線を集め、重心を上げて見せる効果もあります。

Point
カラフルなボリュームアクセで淡色トップスを引き締め。

Shoes ほどよいヒールとボリューム感がポイント

Point
アクセントになるカラーが脚の太さをさりげなくカバー。

パンプス

“幅は広め、トゥは細めで足先をスッキリ見せて”

Pumps

Point
トゥは細くても、ヒールは太めだと安定感があって◎。

上／きれいなボルドーカラーが大人っぽい幅広のポインテッドトゥパンプス。細めのヒールでも低いヒールなら歩きやすくておすすめです。
下／ダークブルーの大人めパンプス。ポインテッドトゥが足先をほっそりスッキリ華奢な印象に。ヒールは安定感のある太めをチョイス。

Shoes style 01

“丸みのあるワンピースにはポインテッドトゥを合わせて”

すとんとした丸みのあるワンピースに、ロングネックレスで縦ラインを作って。足先はポインテッドトゥでほっそり見せると全体的にバランスよくまとまります。

Point
脚長&ほっそりを狙うなら、低くてもヒールはあったほうが◎。

Point
サイドのギャザー&折り返しでほどよいボリューム感が。

ショートブーツ

“ボリュームデザインで脚をほっそり華奢に”

Shoes style
02

“服のボリュームに合わせ足元にもボリュームを”

ボリュームのある服に負けないように、足元もボリューム感のあるショートブーツでバランスを。スタイルUPにもなり、相対的に脚をほっそり華奢に見せてくれます。

Point
ショートブーツでコーデがほどよくカジュアルにこなれます。

Point
厚底&ボリュームデザインは安定感もあって歩きやすさも◎。

Short boots

上／サイドのギャザー&折り返しで履き口にボリュームを持たせたフェミニンブーツ。ダークカラーなら、脚をよりほっそりスッキリ見せてくれます。
下／カジュアルコーデにぴったりなボリューム感のあるショートブーツ。厚底なので歩きやすく、脚長効果も狙えます。濃い色を選べば、ダークカラーのタイツとも合わせやすい。

ぽっちゃりさんご用達のアパレルショップ

Recommend shop
01

伊勢丹新宿店 クローバーショップ

4つのゾーンからなる
日本最大級のLサイズショップ

取り扱いサイズ

13〜27号
※デザインによってサイズ展開は異なります。

楽しくて可愛いアイテムが揃う「カジュアル」、多彩なインポートブランドが魅力の「インターナショナル」、大人の女性のための「プレシャス」、21号以上の女性のための「クローバープラス」という4つのゾーンからなる日本最大級のLサイズショップ。新宿店にしかないブランドを含む50以上のブランドが揃うから、新しいおしゃれにきっと出会えるはずです。

取り扱いブランド

ツモリチサト、ズッカ、アズ ノゥ アズ オオラカ、スーパーハッカ フィーユ、サイコバニー、レッドカード、メゾンドウーマン、ベラルディ、ギャバジンKT、プランテーション、ニューヨーカー、アリスバーリーほか

住 東京都新宿区新宿3-14-1
電 03-3352-1111(大代表)
営 10:30〜20:00
休 不定休
http://isetan.mistore.jp/store/shinjuku/floor/main_3f/

Recommend shop
02

新宿マルイ 本館 マルイモデル

デイリー使いからパーティドレスまで
幅広いアイテムが揃うのが魅力

取り扱いサイズ

ウエア/13〜23号　シューズ/24.5〜26.0cm
※ブランドによってサイズ展開は異なります。

デイリーユースにぴったりカジュアルウエアからスーツ、パーティドレスまでさまざまなシーンに合わせたジャストサイズのアイテムが見つかるLサイズショップ。マルイオリジナルのLサイズブランドをはじめ、取り扱いブランドの種類も豊富。大きめサイズのシューズ(24.5〜26.0cm)も揃っています。

取り扱いブランド

アールユーL、アールユー・ジーンズL、レストローズ、アースミュージック&エコロジー、フランシュリッペL、アズ ノゥ アズ オオラカ、サブストリート マイスタンダード、ローズティアラ、ルゥ デ ルゥ

住 東京都新宿区新宿3-30-13 5F
電 03-3354-0101
営 月〜土11:00〜21:00、
日祝11:00〜20:30
休 無休
http://www.0101.co.jp

このページで紹介するショップでは、ぽっちゃりした女性に合ったサイズのお洋服を扱っています。必ず似合うものが見つかるので行ってみて。

Recommend shop

03

阪急うめだ本店
大きいサイズの婦人服
「プリュス」

国内ブランドからインポートまで
全47ブランドの幅広いバリエ

取り扱いサイズ

11～25号

※ブランドによってサイズ展開は異なります。

国内人気ブランドからインポートブランドまで関西随一の幅広いバリエーションと、11～25号までの幅広いサイズ展開が魅力のショップ。毎週末にはファッションショーやトークショーなど、魅力的なイベントも盛りだくさん! 開放感のある空間でショッピングを楽しむことができます。

取り扱いブランド

アマカ、アンタイトル、エヴェックス バイ クリツィア、クイーンズコート、サブストリート マイスタンダード、トゥービーシック、ビアッジョブルー、マーク by マーク ジェイコブス、23区、ポロ ラルフ ローレンほか

住 大阪府大阪市北区角田町8-7
電 06-6361-1381
営 日～木10:00～20:00、
金・土 10:00～21:00
休 不定休
http://www.hankyu-dept.co.jp/honten/

Recommend shop

04

eur3

シルエットにこだわった
オリジナルサイズを展開!

取り扱いサイズ

13・15・17・19号

※デザインによってサイズ展開は異なります

普段使いからお出かけ服まで、毎日のニーズに応えてくれる高感度ブランド「エウルキューブ」。
Lサイズ専用のパターンを使用し、シルエットにこだわった着心地のいいオリジナルサイズを展開。店舗では、誰でもスッキリきれいに見せるスタイリングのコツも教えてくれます。通販サイトも便利♪

電 0120-888-363
(イトキンカスタマーサービス)
http://www.eur3.com/
(オフィシャルサイト)
http://www.itokin.net/eur3/
(通販サイト)
店 全国38店舗展開

Recommend shop
05
nouvelle chouchou

モードカジュアルが揃う
ウェブショップ

取り扱いサイズ
LL・3L

ヌーベルシュシュでは、トレンドをしっかり取り入れた新感覚のモードカジュアルを展開。オンでもオフでも活躍するアイテムが揃うので、幅広い女性から支持が。オフィシャルwebストアでは購入後のサイズ変更も行っているのも魅力。

電 03-6432-2030
営 10:00〜19:00
休 日・祝日
http://n-chouchou.com/

Recommend shop
06
アズ ノゥ アズ オオラカ
西武池袋本店

毎日が楽しくなる
かわいい服がいっぱい!

取り扱いサイズ
13〜19号
※デザインによってサイズ展開は異なります。

おおらかな子ほど可愛い服が着たい! そんな願いを叶えてくれるのが「おおらかサイズ」。毎日を素敵に楽しい気分で過ごせるアイテムがトータルで揃うのがうれしい♪

住 東京都豊島区南池袋1-28-1 4F
電 03-3986-3431
営 10:00〜21:00、日・祝日10:00〜20:00
休 無休
http://www.asknowas.com/
店 ほか全国26店舗展開

Recommend shop
07
スマイルランド
渋谷PARCO店

「きっと見つかるあなたのサイズ」
通販大手ニッセンの
人気ブランド

取り扱いサイズ
L〜10L

カタログ掲載商品はもちろんショップ限定商品も豊富で、シューズも5Eまで展開。通常の約3倍のフィッティングルームで試着もゆったり♪専門知識豊富なスタッフによるアドバイスも魅了。渋谷PARCO店ほか全国6店舗を展開。

住 東京都渋谷区宇田川町14-5 渋谷PARCOパート3 6F
電 03-6416-3666
営 10:00〜21:00
休 無休
http://www.smileland.jp
店 ほか全国5店舗展開

Recommend shop
08
plump
(セシール)

快適な着心地で
着やせが狙える
デザインが満載!

取り扱いサイズ
LL〜10L

ふっくら体型を研究した独自のオリジナルパターンを採用。快適な着心地で気になる部分をカバーできるアウター&インナーがいっぱい! 筒まわりが選べるブーツや幅広ワイズのパンプスなどぽっちゃりさんご用達ファッショングッズも豊富。

電 0120-70-8888(セシール)
http://www.cecile.co.jp/sc/plump/

Recommend shop

09

オンワード・クローゼット L selection

人気アパレルブランドが揃う
大きめサイズのウェブサイト

取り扱いサイズ
13〜19号
※デザインによってサイズ展開は異なります。

人気アパレルメーカー・オンワードのLサイズを集めたオンラインショップ。23区や組曲、ICB、自由区、J.PRESSなど人気ブランドのおしゃれなデザインが、幅広いサイズで手に入るのが大きな魅力。全品送料無料なのもうれしい。

電 0120-58-6300
（オンワード樫山お客様相談室）
http://crosset.onward.co.jp/shop/l/

Recommend shop

10

7 1/2 [SEVEN AND A HALF]

ヨーロピアンな
大きめサイズの
レディースシューズ専門店

取り扱いサイズ
25〜27cm

FABIO RUSCONI、Jeffrey Campbell、GAIMO、rasなどヨーロッパブランドを中心に、世界中から厳選されたデザインの大きめサイズだけを取り扱うレディースシューズのセレクトショップ。バッグやアクセサリーもあり。Web注文ももちろんOK♪

住 北海道札幌市中央区
大通西16-3-27
美術館前片岡ビル3F
電 011-641-0338
営 月・火11:00〜18:00、
水・金・土11:00〜20:00、
日11:00〜19:00
休 木
http://www.seven-and-a-half.com/

Recommend shop

11

Queen's卑弥呼 銀座店

幅広いデザイン＆
カラーバリエが
豊富に揃うシューズショップ

取り扱いサイズ
25〜27cm
※デザインによってサイズ展開は異なります。

卑弥呼の4つのオリジナルブランドが揃う大きめサイズの闇門ショップ。幅広いデザイン&カラーバリエが充実した、おしゃれで履き心地も◎な靴が豊富♪ 銀座店以外に心斎橋と名古屋にも店舗があり、オンラインショップ購入も可能。

住 東京都中央区銀座
3-5-5　water
massage®ビル2F・3F
電 03-5524-3334
営 11:00〜20:00
休 年末年始
http://www.himiko.co.jp
店 ほか全国4店舗展開

Recommend shop

12

SHIN-EI WEB SHOP

幅広さんに嬉しい靴が
見つかる
ウェブショップ

取り扱いサイズ
22.0〜24.5cm
※デザインによってサイズ展開は異なります。

リズ・ラフィーネ、リズ・コンフォートなどのシューズブランドが揃うウェブショップ。デザインバリエも充実でゆったり履ける3E・4Eもあるので、「足のサイズは小さいけど幅広なので合う靴が見つからない」という人におすすめ♪

http://shin-ei-webshop.com/

CREDIT

【P64-65】***One-piece***
シフォンワンピース¥9,250／エウルキューブ（イトキン）　タック入りワンピース¥10,000／ヌーベルシュシュ（アナザースター）　切り替えワンピース¥19,000／アン レクレ（アン レクレ広尾店）

【P66-67】One-piece style 01
タック入りワンピース¥10,000／ヌーベルシュシュ（アナザースター）　ネックレス¥16,800／ミィーミィーズ

One-piece style 02
シフォンワンピース¥9,250／エウルキューブ（イトキン）　ネックレス¥12,000／プラス ヴァンドーム（プラス ヴァンドーム そごう横浜店）

One-piece style 03
切り替えワンピース¥19,000／アン レクレ（アン レクレ広尾店）　ネックレス¥17,500／アビステ

【P68-69】***Tunic & Blouse***
チュニック¥17,000／ウヴラージュクラス　ブラウス¥15,000／ペイトンプレイス（ファイブフォックス カスタマーサービス）

【P70-71】Tunic style 01
チュニック¥17,000／ウヴラージュクラス　ネックレス¥4,500／リヴィ イット　スキニーパンツ¥3,900／セブンデイズサンデイ（セブンデイズサンデイ 新宿店）

Blouse style 02
ブラウス¥15,000／ペイトンプレイス（ファイブフォックス カスタマーサービス）　ネックレス¥1,696／アネモネ（サンポークリエイト）　テーパードパンツ¥9,167／アールユー（マルイ）※7号～13号サイズの価格になります。13号L～23号Lは価格が異なります。

【P72-73】***Shirt***
スキッパーシャツ¥7,800／ユニバーサルランゲージ（ユニバーサルランゲージ 渋谷店）　カシュクールシャツ¥7,900／ヌーベルシュシュ（アナザースター）

【P74-75】Shirt style 01
スキッパーシャツ¥7,800／ユニバーサルランゲージ（ユニバーサルランゲージ 渋谷店）　ネックレス¥14,584／アビステ　デニムパンツ¥9,342／エウルキューブ（イトキン）

Shirt style 02
カシュクールシャツ¥7,900／ヌーベルシュシュ（アナザースター）　カットソー¥4,620／エウルキューブ（イトキン）　ネックレス¥4,862／アビステ　ガウチョパンツ¥1,990／GU

Shirt style 03
シャツ／上と同じ　スカート¥4,700／ワンアフターアナザー ナイスクラップ　ネックレス¥9,000／アビステ

【P76-77】***Knit***
Vネックニット¥5,900／リヴィ イット　ロングニット¥1,850／イマージュ

【P78-79】Knit style 01
Vネックニット¥5,900／リヴィ イット　スキニーパンツ¥2,990／イマージュ　ネックレス2点セット¥13,000／プラス ヴァンドーム（プラス ヴァンドーム そごう横浜店）

Knit style 02
ニット／上と同じ　ネックレス¥3,300／ミィーミィーズ　シャツ¥1,490／GU　スカート¥7,900／KBF+（KBF+ルミネ有楽町店）

Knit style 03
ロングニット¥1,850／イマージュ　ネックレス¥23,000／ミィーミィーズ　スキニーパンツ¥7,800／Lee（セブンデイズサンデイ 新宿店）

【P80-81】***Skirt***
タック入りスカート¥4,990／イマージュ　プリーツスカート¥2,990／ユニクロ

【P82-83】Skirt style 01
プリーツスカート¥2,990／ユニクロ　ニット¥13,000／ウヴラージュクラス　シャツ¥2,990／イマージュ

Skirt sytle 02
スカート／上と同じ　ブラウス¥5,500／KBF+（KBF+ルミネ有楽町店）　ネックレス¥12,000／ヴァンドームブティック（ヴァンドームヤマダ）

Skirt style 03
タック入りスカート¥4,990／イマージュ　ボウタイブラウス¥13,000／ユニバーサルランゲージ（ユニバーサルランゲージ 渋谷店）

Skirt style 04
スカート／上と同じ　ジャケット¥21,000／ブルー エ グリージオ バイ ユニバーサルランゲージ（ブルー エ グリージオ バイ ユニバーサルランゲージ たまプラーザ テラス店）　ブラウス¥3,990／イマージュ　ネックレス¥8,000／プラス ヴァンドーム（プラス ヴァンドーム そごう横浜店）

【P84-85】***Pants***
テーパードパンツ¥5,916／エウルキューブ（イトキン）　デニムレギンス¥1,990／ユニクロ

【P86-87】Pants style 01
テーパードパンツ¥5,916／エウルキューブ（イトキン）　ジャケット¥26,000／ニューヨーカー　ニット¥990／GU　ネックレス¥4,862／アビステ

Pants style 02
デニムレギンス¥1,990／ユニクロ　ニット¥14,000／ニューヨーカー　ストール¥1,842／エウルキューブ（イトキン）　ネックレス¥37,000／ジャン グリゾニ プール ヴァンドーム青山（ヴァンドームヤマダ）

【P88-89】***Jacket***
テーラードジャケット¥28,000／スプレンディーナ（ユニバーサルランゲージ渋谷店）　ノーカラージャケット¥3,700／イマージュ

【P90-91】Jacket style 01
テーラードジャケット¥28,000／スプレンディーナ（ユニバーサルランゲージ渋谷店）　シャツ¥8,800／ユニバーサルランゲージ（ユニバーサルランゲージ 渋谷店）　ネックレス¥1,715／アネモネ（サンポークリエイト）　スカート¥15,000／ペイトンプレイス（ファイブフォックス カスタマーサービス）

Jacket style 02
ジャケット／上と同じ　カットソー¥6,800／ウヴラージュクラス　カーディガン&プルオーバーセット¥2,770／イマージュ　テーパードパンツ¥9,167／アールユー（マルイ）※7号～13号サイズの価格になります。13号L～23号Lは価格が異なります。

Jacket style 03
ノーカラージャケット¥3,700／イマージュ ワンピース¥10,000／ヌーベルシュシュ（アナザースター）　ネックレス2 点セット¥11,000／プラス ヴァンドーム（プラス ヴァンドーム そごう横浜店）

Jacket style 04
ジャケット／上と同じ　ブラウス¥6,019／アールユー（マルイ）※7号～13号サイズの価格。13号L～23号Lは価格が異なります。　パンツ¥9,342／エウルキューブ（イトキン）

【P92-93】***Cardigan***
コクーンカーディガン¥6,472／エウルキューブ（イトキン）　ローゲージカーディガン¥6,500／KBF+（KBF+ルミネ有楽町店）　ロングカーディガン¥7,600／ボナジョルナータ（ファイブフォックス カスタマーサービス）

【P94-95】Cardigan style 01
コクーンカーディガン¥6,472／エウルキューブ（イトキン）　ワンピース¥4,900／セブンデイズサンデイ（セブンデイズサンデイ 新宿店）　ネックレス¥4,286／アネモネ（サンポークリエイト）

SHOP LIST

Cardigan style 02
ローゲージカーディガン¥6,500／KBF＋(KBF＋ルミネ有楽町店)　スカート¥11,000／ベルメゾン　ネックレス¥23,000／ミィーミィーズ

Cardigan style 03
ロングカーディガン¥7,600／ボナジョルナータ(ファイブフォックス カスタマーサービス)　シャツ¥5,546／エウルキューブ(イトキン)　スキニーレギンス¥1,290／ニッセン　二連ネックレス¥2,400／アネモネ(サンポークリエイト)

【P96-97】***Coat***
チェスターコート¥33,000／ユニバーサルランゲージ(ユニバーサルランゲージ 渋谷店)　コクーンコート¥18,000／ヌーベルシュシュ(アナザースター)　トレンチコート¥12,871／アールユージーンズ(マルイ)※7号～13号サイズの価格になります。13号L～23号Lは価格が異なります。

【P98-99】Coat style 01
コクーンコート¥18,000／ヌーベルシュシュ(アナザースター)　レギンスパンツ¥2,990／ユニクロ

Coat style 02
トレンチコート¥12,871／アールユージーンズ(マルイ)※7号～13号サイズの価格になります。13号L～23号Lは価格が異なります。　シャツ¥3,900／セブンデイズサンデイ(セブンデイズサンデイ 新宿店)　パンツ¥12,000／ユニバーサルランゲージ(ユニバーサルランゲージ 渋谷店)　ネックレス¥12,000／ヴァンドームブティック(ヴァンドームヤマダ)

Coat style 03
チェスターコート¥33,000／ユニバーサルランゲージ(ユニバーサルランゲージ 渋谷店)　カットソー¥3,000／コムサイズム(ファイブフォックス カスタマーサービス)　スカート¥9,200／ヌーベルシュシュ(アナザースター)

【P100-101】***Accessory***
ストール¥3,200／ミィーミィーズ　スカーフ¥19,000／アキレピント(ユニバーサルランゲージ 渋谷店)　ロングネックレス¥16,000／アン レクレ(アン レクレ広尾店)

Accessory style 01
ストール¥3,200／ミィーミィーズ　ニット¥16,000、ワンピース¥6,900／ともにアン レクレ(アン レクレ広尾店)　ネックレス¥2,553／アネモネ(サンポークリエイト)

Accessory style 02
スカーフ¥19,000／アキレピント(ユニバーサルランゲージ 渋谷店)　ジャケット¥5,990／スマイルランド(ニッセン)　シャツ¥12,500／ウヴラージュクラス　ネックレス¥2,880／アネモネ(サンポークリエイト)　スカート¥4,990／セブンデイズサンデイ(セブンデイズサンデイ 新宿店)

Accessory style 03
ロングネックレス¥16,000／アン レクレ(アン レクレ広尾店)　チュニック¥3,490／イマージュ　デニムレギンス¥1,990／ユニクロ

【P102-103】***Shoes***
ネイビースウェード太ヒールパンプス¥13,000／KBF(KBFラフォーレ原宿店)　赤エナメルヒールパンプス¥6,945／ヴェリココ(マルイ)　グレーサイドリボンショートブーツ¥9,167／ヴェリココ(マルイ)　黒レースアップショートブーツ¥8,900／ワンアフターアナザー ナイスクラップ

Shoes style 01
ネイビースウェード太ヒールパンプス¥13,000／KBF(KBFラフォーレ原宿店)　ワンピース¥5,800／アース ミュージック&エコロジー(アース ミュージック&エコロジー レッド ストア新宿)　ネックレス¥17,500／アビステ

Shoes style 02
黒レースアップショートブーツ¥8,900／ワンアフターアナザー ナイスクラップ　シャツ¥1,490／GU　スカート¥16,000／ウヴラージュクラス　ネックレス¥6,500／アネモネ(サンポークリエイト)

アース ミュージック&エコロジー レッド ストア新宿	☎03-3349-5676
アナザースター	☎03-6432-2030
アビステ	☎03-3401-7124
アン レクレ広尾店	☎03-3473-8600
イトキン カスタマーサービス	☎03-3478-8088
イマージュ(セシール)	☎0120-70-8888
ヴァンドームヤマダ	☎03-3470-4061
ウヴラージュクラス	☎03-6418-4640
KBF＋ルミネ有楽町店	☎03-6273-4151
KBFラフォーレ原宿店	☎03-5771-6538
サンポークリエイト	☎082-243-4070
GU	☎0120-856-453
セブンデイズサンデイ 新宿店	☎03-5925-8857
ニッセン	☎0120-20-2000
ニューヨーカー	☎0120-17-0599
ファイブフォックス カスタマーサービス	☎0120-114563
プラス ヴァンドーム そごう横浜店	☎045-451-5857
ブルー エ グリージオ バイ ユニバーサルランゲージ たまプラーザ テラス店	☎045-905-1861
ベルメゾン(千趣会)コールセンター	☎0120-11-1000
マルイプレスルーム	☎03-3476-8000
ミィーミィーズ	☎03-6452-3335
ユニクロ	☎0120-090-296
ユニバーサルランゲージ 渋谷店	☎03-3406-1515
リヴィ イット	☎03-6418-4640
ワンアフターアナザー ナイスクラップ	☎03-6418-4640

※本書に記載している情報は2014年10月時点のものです。
※記載商品については売り切れや販売終了の場合もございます。

Conclusion おわりに

丸みのあるボディラインは女性らしさの象徴。年齢とともについてしまった贅肉を嘆かずに、今の自分の体型を肯定してもいいのではないでしょうか。

ついてしまったお肉よりも残念なのは、おしゃれを楽しむ気持ちを忘れてしまうこと。コンプレックスに縛られて、ぽっちゃりした体を隠してばかりいると、せっかくの魅力が台無しになってしまいます。ぽっちゃりしていたって、着こなし次第でもっと素敵に見えるはず。今の自分に似合うものを知ることで、やわらかく丸みのある女性らしい体型がコンプレックスではなく、魅力に変わります。

本書で紹介したのは本当に簡単な工夫ばかりですが、新しい発見はあったでしょうか？ シャツの袖やパンツの裾を少し折り返してみる、そんなひと手間だけでもスッキリと着やせして、あか抜けて見えるようになるはずです。この本をお手元に置いていただき、なんとなくコーディネイトがうまく決まらないとき、太って見えてしまうときに、もう一度本を開いてくださるとうれしいです。多くの方がポジティブな気持ちでファッションを楽しめますように！

STAFF

ILLUSTRATION
水元ローラ

PHOTOGRAPHY
深瀬典子〈G.P. FLAG〉

STYLING
谷内 瞳

ART DIRECTION
汐月陽一郎〈chocolate.〉

DESIGN
藤原千明、堀越友美子〈chocolate.〉

EDIT & TEXT
千田あすか、青柳恵美香、倉田未奈子〈(株)宝島社〉

Fashion Rules
for Plump Ladies

ぽっちゃりめの人の
ファッションルール

2014年 12月5日　第1刷発行

著者　ファッションテク研

発行人　蓮見清一
発行所　株式会社 宝島社
〒102-8388
東京都千代田区一番町25番地
03-3234-4621(営業)
03-3239-1770(編集)
http://tkj.jp
振替　00170-1-170829　㈱宝島社
印刷・製本　図書印刷株式会社

ISBN978-4-8002-3257-1